한눈에 익히는
맹자 Ⅱ

한눈에 익히는 맹자 Ⅱ

孟子 Ⅱ

맹자 지음
이창성 편

나무의 꿈

맹자(孟子) 下 |차례|

맹자(孟子)에 대하여 ────── 6

제9편 만장 상(萬章 上) ────── 13

제10편 만장 하(萬章 下) ────── 53

제11편 고자 상(告子 上) ────── 91

제12편 고자 하(告子 下) ────── 139

제13편 진심 상(盡心 上) ────── 187

제14편 진심 하(盡心 下) ────── 261

맹자(孟子)에 대하여

　맹자(孟子)는 공자(孔子)가 죽고 나서 100년 정도 뒤에 태어났다. 공자나 맹자나 정확하게 언제 태어나서 언제 죽었는지 확인할 방법은 없다. 가능한 방법은 《논어》나 《맹자》에 실려 있는 그들의 행적을 추적해서 그들이 만났던 사람들이나 목격했거나 관련되었던 사건들을 참고해서 연대를 추정하는 것이다.

　공자는 대략 기원전 551년경에 태어나 기원전 479년경에 죽었고, 맹자는 기원전 372년경에 태어나 기원전 289년경에 죽은 것으로 추정된다. 역사가들에 의해 공자와 맹자가 살았던 시대는 춘추전국(春秋戰國)시대로 분류된다. 공자는 춘추시대에 살았으며 맹자는 전국시대에 살았다. 춘추시대는 기원전 770년에서 기원전 403년까지이고, 전국시대는 기원전 403년에서 진나라가 천하를 통일하기 전인 기원전 222년까지이다.

　기원전 770년은 주(周)나라 왕실이 견융(犬戎)이라는 종족에게 쫓겨 수도를 동쪽인 낙양(洛陽)으로 옮긴 해이다. 그 전까지 중국은 주나라 왕실을 중심으로 많은 봉건국가들이 위성처럼 분립해 있었고, 이들은 혈연과 제사와 군사에 의해 주 왕실에게 종속되어 있었다. 주나라 왕실이 동쪽으로 천도할 즈음을 전후해서 이러한 봉건제는 붕괴되기 시작했다.

춘추시대는 패자(覇者)들의 시대였다. 패자는 주나라 왕실의 명목만은 존중하면서 실상은 무력으로 다른 제후들을 정복했고 그럼으로써 천하를 다스렸다. 차례로 천하를 제패했던 제(齊)나라의 환공(桓公), 송(宋)나라의 양공(襄公), 진(晉)나라의 문공(文公), 진(秦)나라의 목공(穆公), 초(楚)나라의 장왕(莊王)은 5패로 불린다.

전국시대에 들어서면 주나라는 거의 존재감을 상실하고 춘추시대에 170여 개에 달했던 제후국들은 동맹과 연맹, 외교적이거나 군사적 전쟁을 통해 7개의 제후국으로 정리되었다. 즉 전국칠웅(戰國七雄)이라 불리는 한(韓)·위(魏)·조(趙)·연(燕)·제(齊)·초(楚)·진(秦)이 이들이다. 이들은 천하를 제패한다는 한 가지 목표를 두고 양육강식의 전쟁을 전개했다.

공자는 주나라 왕실을 중심으로 하는 봉건제를 이상적인 제도로 생각했다. 공자를 시조로 하는 유가의 눈에서 보면 이러한 춘추전국시대는 인륜이 무너져가는 윤리적이고 정치적인 혼란기였을 뿐이지만, 객관적으로 보면 철기와 우경의 보급으로 인한 생산력의 증대와 함께 문화면에서도 비약적인 발전이 이루어진 시대였다. 특히 전국시대에는 국가차원에서 생산력을 높이려는 정책도 시도되었으며, 한편에서는 상인의 세력이 커져서 상인으로서 진나라 재상이 된 여불위(呂不韋) 같은 사람도 등장했다. 전국시대는 또한 제자백가(諸子百家)의 시대였다. 사회의 혼란 속에서, 어떻게 살아갈 것이며 어떻게 세상을 구제할 것인가에 관한 각종 사상이 태어났으며, 사상을 통제할 권력이 존재하지 않았으므로 중국 사상사에서 가장 자유롭고 다채로운 논쟁이 전개된

시기였다. 법가·도가·농가·종횡가·명가·음양가·잡가 등을 표방하는 수많은 학자들이 왕성한 사상활동을 펼치고 있었으며 맹자도 그들 가운데 한사람이었다. 맹자는 공자의 제자로 자처하면서, 다른 학파들을 비판하고 때로는 그들과 논쟁하면서 유학의 골격을 완성해갔다.

맹자의 성은 맹(孟)이며 이름은 가(軻)이다. 추(鄒)라는 지방 출신인데 추는 공자가 태어난 노(魯)나라에 속한 지방이라는 설도 있고 독립된 나라라는 설도 있다. 어느 쪽이든 공자의 고향인 곡부(曲阜)에서 가까운 곳이다. 일찍 아버지를 여의고 교육에 열심인 어머니 슬하에서 자랐다. 어머니가 아들의 좋은 교육 환경을 위해 이사를 세 번 했다거나 중도에 공부를 그만두어서는 안 된다는 것을 아들에게 명심시키기 위해 자신이 짜던 베를 잘랐다는 이야기들이 전해온다.

맹자는 인의(仁義)의 덕을 바탕으로 하는 왕도정치(王道政治)가 당시의 정치적 분열 상태를 극복할 유일한 길이라고 믿고, 왕도정치를 시행하라고 제후들에게 유세하고 다녔다. 기원전 320년경에 양(梁)나라에 가서 혜왕에게 왕도에 대해 유세했으나 1,2년 뒤에 혜(惠)왕이 죽은 뒤, 아들인 양(襄)에게 실망해서 산동에 있는 제나라로 옮겼다. 그곳에서 제나라의 선(宣)왕에게 기대를 걸고 7,8년을 머물렀으나, 역시 자신의 뜻대로 되지 않자 떠날 수밖에 없었다.

그 뒤 송(宋)나라, 설(薛)나라를 거쳐 일차로 추에 돌아온 뒤에 다시 문공(文公)의 초대를 받아 등(滕)나라로 갔다. 그러나 역시 이상을 실현시키지 못하고 노(魯)나라를 거쳐 고향으로 돌아왔다. 당시의 제후들이 필요로 했던 것은 부국강병의 정책이었다. 그러한 제후들의 현실적 관심과 맞아떨어질 여지가 없었던 맹자의 이론은 어느 제후에게도 채택되지 못했고, 맹자는 당대에 자신의 이상을 실현시키는 것은 포기해야 했다.

50세가 넘어서 시작했던 편력을 그치고 고향으로 돌아온 것이 70세가량 되었을 때라고 추정된다. 고향으로 돌아와 제자들과 함께 《시경(詩經)》과 《서경(書經)》, 그리고 공자의 정신에 대해 토론했으며, 그 때 만들어진 책이 오늘날 전해지는 《맹자》 7편이다.

《맹자》는 유교의 경전인 사서(四書) 중의 하나이다. 양혜왕(梁惠王)·공손추(公孫丑)·등문공(滕文公)·이루(離婁)·만장(萬章)·고자(告子)·진심(盡心)의 7편으로 되어 있다.

사마천(司馬遷)의 《사기(史記)》에 따르면 맹자의 저술임이 분명하지만, 자신의 저작물을 《맹자》라고 한 점 등을 들어 맹자의 자작(自作)이 아님을 주장하는 견해도 있다. 당나라의 한유(韓愈)는 맹자가 죽은 뒤 그의 문인들이 그 동안의 일을 기록한 것이라는 말도 했다. 어쨌든 수미일관(首尾一貫)한 논조와 설득력 있는 논리의 전개, 박력 있는 문장은 맹자라는 한 인물의 경륜과 인품을 전해주기에 손색이 없다.

맹자는 공자의 가르침을 보완하고 확장했다. 공자의 인(仁)에 의(義)를 덧붙여 인의를 강조했고, 왕도정치를 말했으며, 민의에 의한 정치적 혁명을 긍정하기도 하였다. 이러한 그의 작업에는 인간에 대한 적극적인 신뢰가 깔려 있다. 사람의 천성은 선하며, 이 착한 본성을 지키고 가다듬는 것이 도덕적 책임과 의무라는 성선설(性善說)을 주장했다.

후한의 조기(趙岐)는 《맹자》에 대한 본격적인 주석 작업을 통해 7편을 상하로 나누어 14편으로 만들었는데, 지금도 이 체재가 보편화되어 있다. 〈맹자 장구(章句)〉라 불리는 조기의 주석서는 총 14편 261장 3만 4685글자다. 순서는 오늘날과 똑같이 양혜왕 상·양혜왕 하·공손추 상·공손추 하·등문공 상·등문공 하·이루 상·이루 하·만장 상·만장 하·고자 상·고자 하·진심 상·진심 하로 되어 있다. 맨 앞에 나오는 단어로 제목을 삼고, 제자들과의 문답 형식이며, 일관된 주장을 연결하는 논술이 아니라 분장 형식으로 각 장마다 한 가지 사건이나 주장을 담고 있다.

송대에 이르러 주희(朱熹)는 조기가 훈고(訓詁)에 치중해 맹자의 깊은 뜻을 놓쳤다고 비판하고, 성리학의 관점에서 《맹자집주(孟子集註)》를 지었다. 이 책은 조기의 고주(古註)에 대해 신주(新註)라고 한다. 주자학이 관학(官學)으로 채택된 원나라 시대 이래 공식적인 해석서로 폭넓은 영향을 미쳤다.

우리나라에 유학의 전래와 함께 《맹자》도 같이 유포되었지만, 고려 말까지는 육경 중심과 사장학적(詞章學的) 경향에 밀려 《논어(論語)》나 《문선(文選)》 등의 다른 경전에 비해 소홀히 취급되었다. 문장보다 인격을, 육경보다 사서를 교육의 핵심으로 삼는 주자학이 도입되어 자리를 굳히면서 《맹자》는 지식인들의 필수 교양서로 부상되었고, 주희의 주석서가 해석의 정통적 기준이 되었다.

맹자사상의 일관된 핵심은 성선설과 혁명론이었지만, 우리나라에서는 주자학이 활발한 논란을 거쳐 배타적 권위를 형성하는 17세기 말까지 성선설에만 국한되었다. 이황(李滉)과 기대승(奇大升), 이이(李珥)와 성혼(成渾)으로부터 비롯된 사단칠정론(四端七情論)은 조선시대 후반의 인물성동이론(人物性同異論)까지 이어졌다. 그러나 이러한 논의는 인간의 본성을 해명하는 입론(立論)의 근거를 주희의 주석에서만 구함으로써 200여 년 동안 해결을 보지 못했다.

주희의 경전 해석과 그 바탕에 깔린 세계관에 대해 의문을 제기했던 윤휴(尹鑴)와 박세당(朴世堂)은 '사문난적(斯文亂賊)'이라고 낙인찍히기도 했다. 이익(李瀷)은 《맹자질서(孟子疾書)》에서 맹자가 양혜왕에게 '이익을 앞세우지 말라.'고 한 것은 이익 자체를 거부하는 것이 아니라 도덕성과의 조화를 꾀하자는 데 그 의도가 있는 것이라고 주장함으로써, 주자학의 비현실적인 명분론과 의리론을 비판하기도 했다.

맹자는 백가(百家)가 다투어 각기 다른 사상을 주장하던 전국시대에 의연하게 공자사상을 옹호하고 이를 한층 진전시켰으며, 이러한 그의 사상은 《맹자》 전편에 흐르고 있어서, 공자 다음가는 아성(亞聖)으로 추앙되고 있다.

제9편

만장(萬章) 上

제1장

萬章問曰 舜往于田 號泣于旻天 何為其號泣也 孟子曰 怨
만장문왈 순왕우전 호읍우민천 하위기호읍야 맹자왈 원

慕也 萬章曰 父母愛之 喜而不忘 父母惡之 勞而不怨 然
모야 만장왈 부모애지 희이불망 부모오지 노이불원 연

則舜怨乎 曰 長息問於公明高曰 舜往于田 則吾既得聞命
즉순원호 왈 장식문어공명고왈 순왕우전 즉오기득문명

矣 號泣于旻天 于父母 則吾不知也 公明高曰 是非爾所知
의 호읍우민천 우부모 즉오부지야 공명고왈 시비이소지

也 夫公明高以孝子之心 為不若是恝 我竭力耕田 共為子
야 부공명고이효자지심 위불약시괄 아갈력경전 공위자

職而已矣 父母之不我愛 於我何哉 帝使其子九男二女 百
직이이의 부모지불아애 어아하재 제사기자구남이녀 백

官牛羊倉廩備 以事舜於畎畝之中 天下之士多就之者 帝
관우양창름비 이사순어견무지중 천하지사다취지자 제

將胥天下而遷之焉 為不順於父母 如窮人無所歸 天下之
장서천하이천지언 위불순어부모 여궁인무소귀 천하지

士悅之 人之所欲也 而不足以解憂 好色 人之所欲 妻帝之
사열지 인지소욕야 이부족이해우 호색 인지소욕 처제지

二女 而不足以解憂 富 人之所欲 富有天下 而不足以解憂
이녀 이부족이해우 부 인지소욕 부유천하 이부족이해우

> 貴 人之所欲 貴為天子 而不足以解憂 人悅之 好色 富貴
> 귀 인지소욕 귀위천자 이부족이해우 인열지 호색 부귀
>
> 無足以解憂者 惟順於父母 可以解憂 人少 則慕父母 知好
> 무족이해우자 유순어부모 가이해우 인소 즉모부모 지호
>
> 色 則慕少艾 有妻子 則慕妻子 仕則慕君 不得於君則熱中
> 색 즉모소애 유처자 즉모처자 사즉모군 부득어군즉열중
>
> 大孝終身慕父母 五十而慕者 予於大舜見之矣
> 대효종신모부모 오십이모자 자어대순견지의

만장이 물었다. "순임금이 밭에 나가서 하늘을 보며 소리 내어 울었다고 하는데, 왜 그런 것입니까?" 맹자가 대답했다. "그것은 부모에 대한 서러움과 사모하는 마음 때문이었다." 만장이 다시 물었다. "부모가 사랑하면 기뻐하고 은혜를 잊지 않으며, 부모가 미워하면 괴롭더라도 원망하면 안 된다고 합니다. 그런데 순임금은 부모를 원망했습니까?" 맹자가 대답했다. "장식이 스승 공명고에게 '순임금이 밭에서 농사를 지었다는 것은 이미 알고 있습니다만, 하늘과 부모를 부르면서 소리쳐 울었다는 것은 잘 모르겠습니다.'고 하니, 공명고는 '그것은 네가 알 수 없을 것이다.'고 했다. 공명고는 효자의 마음은 그렇게 근심 없는 것이 아니라고 생각한 것이다. 따라서 '나는 힘을 다해서 밭을 갈아 자식 된 직분을 공경스럽게 다할 따름이다. 부모가 나를 사랑하지 않는 것이 어찌 내게 책임이 있겠는가.'라고 해서는 안 된다는 것이다. 요임

금은 자신의 아홉 아들과 두 딸로 하여금 모든 관리와 소와 양과 창고에 가득한 양곡을 갖추어 순임금을 들에서 섬기도록 했으니, 천하의 많은 선비들이 순임금을 따랐다. 요임금은 천하를 모두 순임금에게 물려주려고 했다. 그러나 그는 부모의 사랑을 받지 못하였기 때문에, 자신을 마치 갈 곳이 없는 빈곤한 사람처럼 생각했다. 천하의 선비들에게서 사랑을 받는 것은 누구나 바라는 것이지만, 그것이 그의 근심을 풀기에는 부족했다. 아름다운 여인은 누구나 원하는 것이어서 요임금의 아름다운 두 딸을 아내로 삼았으나, 그의 근심을 풀기에는 부족했다. 부유한 것도 누구나 바라는 것이지만, 온 천하의 부를 차지했는데도 그의 근심을 풀기에는 부족했다. 귀한 것도 누구나 바라는 것이어서, 천자가 될 만큼 귀해졌어도 그의 근심을 풀기에는 부족했다. 사람들이 사랑해 주고 아름다운 여인과 부귀를 갖추었지만 그 아무 것도 그의 근심을 풀어 주지 못했고, 오직 부모의 사랑을 받는 것만이 그의 근심을 푸는 길이었다. 사람은 어렸을 때에는 부모를 공경하고 사모하다가 이성을 알게 되면 아름다운 여인을 사랑하고, 처자가 생기면 처자를 사랑하고, 벼슬을 하게 되면 군주를 사모하고, 군주의 신임을 받지 못하면 애가 탄다. 그러나 큰 효자는 평생토록 부모를 공경하고 사모한다. 오십이 되어서도 부모를 공경하고 사모하는 것을 나는 위대한 순임금에게서 보았다."

[語釋]
*만장(萬章) : 제(齊)나라 사람으로 맹자의 제자. *우(于) :~에서, ~로부터. *호읍

(號泣) : 소리쳐 우는 것. *민천(旻天) : 旻에는 가을 하늘의 의미가 있다. 그러나 여기에서는 하늘이 세상의 생명에게 인자한 은혜를 베풀어 준다는 점에서 나온 말로서, 어진 하늘을 말한다. *원모(怨慕) : 여기에서 怨은 부모에게 기쁨을 사지 못하는 스스로를 원망함이고, 慕는 부모를 사모하는 것임. *장식(長息) : 증자(曾子)의 제자인 공명고(公明高)의 제자. *명(命) : 교유(敎諭). 가르쳐 깨닫게 하는 것. *득문명(得聞命) : 가르침을 들어 알게 되었다는 말. *부(夫) : '저'라는 3인칭 대명사. '대체로 보아서[大抵]'의 뜻도 있음. *어아하재(於我何哉) : 부모에게 무슨 잘못을 저질렀는지 알지 못하여 스스로를 자책하는 것으로, 부모를 원망하는 것이 아님. *서(胥) : 엿보다. 살펴보다. *순(順) : 화순(和順). 부모에게 사랑받는 것. *제지이녀(帝之二女) : 요(堯)임금의 두 딸, 아황(娥皇)과 여영(女英). *소애(少艾) : 艾는 미모(美貌), 예쁘다는 뜻. 따라서 少艾는 小艾와 같다. 젊고 예쁜 여자. *열중(熱中) : 한 가지 일에 몰두하는 것이나, 여기에서는 속을 태우면서 애를 쓴다는 뜻.

[大意]

순임금의 효행에 대해서 얘기한 장이다. 맹자는 효도를 말하는 데에 언제나 순임금의 예를 들었다.

순임금의 효도는 자기를 사랑하는 부모에 대한 효도가 아닌, 자기를 미워하고 죽이려 한 부모에 대한 효도였고, 자기를 살해하려 한 이복동생에 대한 사랑이었기에 사람들의 칭송을 더욱 많이 받게 되었으며, 요임금마저도 이러한 효성이면 세상 사람들을 사랑할 수 있으리라고 생각했던 것이다. 나중에 순임금의 아버지 고수와 순임금의 어머니, 그리고 순임금의 이복동생 상은 모두 순임금의 효성에 감동을 받고 마음을 고쳐서 좋은 사람이 되었다.

사람은 어렸을 때에는 부모를 공경하고 사모하다가 이성을 알게 되면 아름다운 여인을 사랑하고, 결혼을 해서 처자가 생기면 처자를 생각하게 되고, 나라의 일을 하게 되면 군주를 앙모하게 된다. 그러나 군자는 평생토록 부모를 공경하고 사모하는 것을 제일 큰 효도로 삼는다. 맹자는 바로 이 큰 효도의 모범을 보인 사람이 순임금이라고 생각한 것이다.

제2장

萬章問曰 詩云 娶妻如之何 必告父母 信斯言也 宜莫如舜
만장문왈 시운 취처여지하 필고부모 신사언야 의막여순

舜之不告而娶 何也 孟子曰 告則不得娶 男女居室 人之大
순지불고이취 하야 맹자왈 고즉부득취 남녀거실 인지대

倫也 如告 則廢人之大倫 以懟父母 是以不告也 萬章曰
륜야 여고 즉폐인지대륜 이대부모 시이불고야 만장왈

舜之不告而娶 則吾旣得聞命矣 帝之妻舜而不告 何也 曰
순지불고이취 즉오기득문명의 제지처순이불고 하야 왈

帝亦知告焉則不得妻也 萬章曰 父母使舜完廩 捐階 瞽瞍
제역지고언즉부득처야 만장왈 부모사순완름 연계 고수

焚廩 使浚井 出 從而揜之 象曰 謨蓋都君咸我績 牛羊父
분름 사준정 출 종이엄지 상왈 모개도군함아적 우양부

母 倉廩父母 干戈朕 琴朕 弤朕 二嫂使治朕棲 象往入舜
모 창름부모 간과짐 금짐 저짐 이수사치짐서 상왕입순

宮 舜在牀琴 象曰 鬱陶思君爾 忸怩 舜曰 惟茲臣庶 汝其
궁 순재상금 상왈 울도사군이 유니 순왈 유자신서 여기

于予治 不識舜不知象之將殺己與 曰 奚而不知也 象憂亦
우여치 불식순부지상지장살기여 왈 해이부지야 상우역

憂 象喜亦喜 曰 然則舜僞喜者與 曰 否 昔者有饋生魚於
우 상희역희 왈 연즉순위희자여 왈 부 석자유궤생어어

제9편 만장 상 19

> 鄭子産 子産使校人畜之池 校人烹之 反命曰 始舍之圉圉
> 정자산 자산사교인휵지지 교인팽지 반명왈 시사지어어
>
> 焉 少則洋洋焉 攸然而逝 子産曰 得其所哉 得其所哉 校
> 언 소즉양양언 유연이서 자산왈 득기소재 득기소재 교
>
> 人出 曰 孰謂子産智 予旣烹而食之 曰 得其所哉 得其所
> 인출 왈 숙위자산지 여기팽이식지 왈 득기소재 득기소
>
> 哉 故君子可欺以其方 難罔以非其道 彼以愛兄之道來 故
> 재 고군자가기이기방 난망이비기도 피이애형지도래 고
>
> 誠信而喜之 奚僞焉
> 성신이희지 해위언

 만장이 물었다. "《시경》에 '아내를 얻을 때는 어떻게 하는가? 반드시 부모에게 알려야 한다.'고 했습니다. 이 말이 옳다면 순임금처럼 해서는 안 됩니다. 순임금이 부모에게 알리지 않고 아내를 얻은 것은 무엇 때문입니까?" 맹자가 대답했다. "부모에게 알리면 아내를 얻을 수 없었을 것이다. 남녀가 같이 사는 것은 사람의 중대한 도리인데, 만약에 알렸다면 사람의 중대한 도리를 이루지 못하고 부모를 원망하게 되었을 것이므로 알리지 않은 것이다." 만장이 말했다. "순임금이 부모에게 알리지 않고 아내를 얻은 것은 이제 알겠습니다만, 요임금이 순임금에게 자신의 딸을 아내로 삼게 하면서 이를 순임금의 부모에게 알리지 않은 것은 무엇 때문입니까?" 맹자가 대답했다. "요임금도 순임금의 부모에게 알리면

순임금이 자신의 딸을 아내로 삼지 않을 것이라는 것을 알았기 때문이다." 만장이 물었다. "순임금의 부모는 순임금에게 곡식 창고를 고치게 하고 사닥다리를 치워버린 다음 아버지 고수가 곡식 창고에 불을 질렀습니다. 또 우물을 치우게 하고는 순임금이 나오려 하자 우물을 묻어버렸습니다. 이복동생 상이 '형을 죽이기로 계획한 것은 내 공적이다. 소와 양과 곡식 창고는 부모님의 것이고, 방패와 창은 내 것이고 거문고와 활도 내 것이며, 두 형수는 내 잠자리를 돌보게 할 것이다.'고 했습니다. 그러나 상이 순임금의 집에 가보니 죽은 줄로 알고 있던 순임금이 평상에 앉아 거문고를 타고 있었습니다. 그것을 본 상은 '형님 생각에 가슴이 메어 찾아왔습니다.' 하면서 부끄러워했습니다. 이에 순임금은 '이제부터는 여기 모든 사람들을 나와 함께 다스리지 않겠는가?'라고 했습니다. 과연 순임금은 상이 자기를 죽이려 한 것을 몰랐습니까?" 맹자가 말했다. "어찌 몰랐겠나? 다만 상이 근심하면 그도 또한 근심하고, 상이 기뻐하면 그도 또한 기뻐했었다." 만장이 물었다. "그러면 순임금은 거짓으로 기뻐한 것입니까?" 맹자가 대답했다. "아니다. 옛날 정나라의 자산에게 살아 있는 물고기를 보내 준 사람이 있었는데, 자산은 연못을 관리하는 사람을 시켜서 그것을 연못에 기르도록 했다. 그런데 연못을 관리하는 사람이 그 물고기를 삶아 먹고는 '처음에는 비실비실하더니 조금 있다가 기운을 차려서 꼬리를 치면서 물속으로 깊이 들어가 버렸습니다.'고 했다. 그러자 자산이 '제 살 곳으로 갔구나, 살 곳으로!'라고 말했다. 연못을 관리하는 사람이 물러나서 '누가 자산을 지혜롭다고 하는가? 내가 삶아 먹었는데도 살 곳으로 갔구나, 살 곳으로라고 하니.'라고 말했다. 그래서 군자를 도리에 맞는 말로 속일 수는 있지만 도리에 벗어난 말로 속이기는 어렵다. 따라서 상이 형을 사랑한다는 도리를 내세워 거짓말을 했는데, 순임금이 진실로 믿고 기뻐한 것이지 어찌 거짓으로 그랬겠는가?"

[語釋]

*대(憝) : 원망(怨望)함. *은(罵) : 어리석다. *처(妻) : 딸을 가지고 남의 아내가 되게 하는 것으로, 여기에서는 사위를 삼는다는 말. *완(完) : 낡고 허름한 것을 고치다. *연(捐) : 버리다. 치우다. *계(階) : 사다리를 말한다. *준(浚) : 여기에서는 우물을 치우는 것. *엄(掩) : 가리다. 덮다. *상(象) : 순(舜)의 이복동생(異腹同生)이다. *도군(都君) : 도성(都城)의 군주, 여기에서는 순임금을 말한다. *함(咸) : 모두. *적(績) : 공적(功績). *짐(朕) : 나. 일인칭대명사(一人稱代名詞). 신분의 귀천에 상관없이 자기를 가리키는 말이었으나, 진시황(秦始皇)이 이것을 지존(至尊)을 지칭한 다음부터는 군주(君主)에 한해서 사용되었음. *저(弤) : 붉은 옻칠을 한 활. 그림을 새겨 넣은 활. *서(棲) : 보금자리. 잠자리. *울도(鬱陶) : 사모함이 심하여 기분이 울적한 것. *뉵니(忸怩) : 난색(赧色). 얼굴을 붉히면서 부끄러워하다. 겸연쩍어하다. *유(惟) : 사려(思慮). 떠오르다. 생각하다. *자(玆) : 이때. 지금. *신서(臣庶) : 백관(百官). *우(于) : ~를 위하여. 목적격조사(目的格助詞). *궤(饋) : 선물. *교인(校人) : 여기에서는 연못을 지키는 사람. *휵(畜) : 사육하는 것을 말한다. *어어(圉圉) : 몸이 괴로운 모양. 정신을 못 차리고 비실비실한 모양. *양양(洋洋) : 행동이 급한 모양. 여기에서는 생기(生氣)를 되찾은 모양을 형용(形容)함.

*유연(攸然) : 유연(悠然)과 같다. 즉 태연(泰然)하고 침착(沈着)하여 여유 있는 모양. *기(欺) : 속이는 것.

[大意]

1장에 이어서 효도와 우애에 대하여 말했다.

순임금이 행실이 올바르지 못한 이복동생 상에게 기만을 당한 것을 정나라의 자산이 연못을 지키는 사람에게 기만당한 것에 비유하여 그 진실한 마음을 밝힌 것이다.

제3장

萬章問曰 象日以殺舜為事 立為天子 則放之 何也 孟子曰
만장문왈 상일이살순위사 입위천자 즉방지 하야 맹자왈

封之也 或曰放焉 萬章曰 舜流共工于幽州 放驩兜于崇山
봉지야 혹왈방언 만장왈 순유공공우유주 방환두우숭산

殺三苗于三危 殛鯀于羽山 四罪而天下咸服 誅不仁也 象
살삼묘우삼위 극곤우우산 사죄이천하함복 주불인야 상

至不仁 封之有庳 有庳之人奚罪焉 仁人固如是乎 在他人
지불인 봉지유비 유비지인해죄언 인인고여시호 재타인

則誅之 在弟則封之 曰 仁人之於弟也 不藏怒焉 不宿怨焉
즉주지 재제즉봉지 왈 인인지어제야 불장노언 불숙원언

親愛之而已矣 親之欲其貴也 愛之欲其富也 封之有庳 富
친애지이이의 친지욕기귀야 애지욕기부야 봉지유비 부

貴之也 身為天子 弟為匹夫 可謂親愛之乎 敢問或曰放者
귀지야 신위천자 제위필부 가위친애지호 감문혹왈방자

何謂也 曰 象不得有為於其國 天子使吏治其國 而納其貢
하위야 왈 상부득유위어기국 천자사리치기국 이납기공

稅焉 故謂之放 豈得暴彼民哉 雖然 欲常常而見之 故源源
세언 고위지방 기득폭피민재 수연 욕상상이견지 고원원

而來 不及貢 以政接于有庳 此之謂也
이래 불급공 이정접우유비 차지위야

만장이 물었다. "상은 날마다 순임금을 죽이려는 것을 일삼아 왔는데, 순임금은 천자가 되어 동생을 죽이지 않고 단지 추방만 한 것은 왜 그런 것입니까?" 맹자가 대답했다. "실은 그를 제후로 봉했는데, 어떤 사람들은 추방했다고 한다." 만장이 말했다. "순임금은 공공을 유주로 귀양 보내고, 환두를 숭산으로 내쫓고, 삼묘 사람을 삼위로 몰아내고, 곤을 우산으로 내쫓았습니다. 이 네 사람을 처벌하여 온 천하가 모두 복종하게 되었는데, 이것은 어질지 못한 사람들을 처벌했기 때문입니다. 상은 극도로 인자하지 못했는데도 그를 유비의 제후에 봉했으니, 그 유비 지역의 사람들이 무슨 죄가 있습니까? 인자한 사람은 원래 그렇게 합니까? 다른 사람들은 처벌하고, 동생은 제후에 봉했으니 말입니다." 맹자가 말했다. "인자한 사람은 동생을 대하는 데 노여움을 감추지도 않고 원한을 품지도 않으며 친애할 따름이다. 그를 친하게 대하는 것은 그가 귀하게 되기를 바라는 것이고, 그를 사랑하는 것은 그가 부유해지기를 바라는 것이다. 상을 유비에 봉한 것은 그를 부유하고 귀하게 해 주려고 한 것이다. 자신은 천자이면서 동생은 그대로 필부로 있다면 그것을 친애한다고 말할 수 있겠는가?" 만장이 물었다. "어떤 사람들이 그를 추방했다고 하는 것은 무엇을 두고 한 말입니까?" 맹자가 대답했다. "상이 그 곳을 다스릴 수 없었기에 순임금이 관리에게 그 지역을 다스리고 세금을 바치게 했는데, 이것을 추방했다고도 하는 것이다. 그런데 어떻게 상이 그 지역의 백성을 못 살게 할 수 있겠는가? 비록 그렇게는 했지만 늘 동생을 만나보고 싶었기에 계속해서 찾아오게 했는데,

'조공하러 올 때가 되지도 않았는데, 정사를 핑계로 유비의 군주를 만났다.'고 한 것은 바로 이것을 두고 한 말이다."

[語釋]
*방(放) : 방치(放置), 즉 한곳에 유치시켜 떠나지 못하게 하거나 추방한다는 뜻.
*유(流) : 유배(流配). 귀양 보냄. *공공(共工) : 본래 관명(官名)이나, 요임금 때 환두(驩兜)와 함께 나쁜 일을 꾸민 사람을 뜻함. *살(殺) : 추방하여 한 곳에 가두어 둠. *삼묘(三苗) : 땅 이름. 여기에서는 요순(堯舜)에게 복종하지 않은 종족(種族). *극(殛) : 죄인을 죽이는 것. 여기에서는 죄를 묻고 처벌하는 것. *곤(鯀) : 사람 이름으로, 우왕(禹王)의 아버지를 말한다. *유비(有痺) : 지명(地名). *고(固) : 본래. 본디, 처음부터. *숙(宿) : 머물게 하다, 즉 속 깊이 품는다는 말이다. *위(爲) : 다스리다. *상상(常常) : 시종일관. 늘. *원원이래(源源而來) : 源源은 물이 계속해서 흘러내리는 것을 나타낸 말이고, 來는 순임금을 만나러 오는 것을 말함.

[大意]
이 장에서도 역시 순임금이 이복동생 상을 친애한 것에 대해서 말했다.

순임금이 천자가 되어 그릇된 사람들을 엄벌하였으므로, 모든 백성들이 칭송했다. 그러나 극악했던 동생 상에게만 너그럽게 대했는데, 이것에 대해서 만장이 힐난하는 투로 묻자, 맹자는 그것은 인륜의 도리라고 해명했다.

이것은 당시 봉건사회에서의 혈연관계의 정을 보여주는 것이라고 할 수 있다.

제4장

咸丘蒙問曰 語云 盛德之士 君不得而臣 父不得而子 舜南
함구몽문왈 어운 성덕지사 군부득이신 부부득이자 순남

面而立 堯帥諸侯北面而朝之 瞽瞍亦北面而朝之 舜見瞽
면이입 요수제후북면이조지 고수역북면이조지 순견고

瞍 其容有蹙 孔子曰 於斯時也 天下殆哉 岌岌乎 不識此
수 기용유축 공자왈 어사시야 천하태재 급급호 불식차

語誠然乎哉 孟子曰 否 此非君子之言 齊東野人之語也 堯
어성연호재 맹자왈 부 차비군자지언 제동야인지어야 요

老而舜攝也 堯典曰 二十有八載 放勳乃徂落 百姓如喪考
노이순섭야 요전왈 이십유팔재 방훈내조락 백성여상고

妣 三年 四海遏密八音 孔子曰 天無二日 民無二王 舜旣
비 삼년 사해알밀팔음 공자왈 천무이일 민무이왕 순기

爲天子矣 又帥天下諸侯以爲堯三年喪 是二天子矣 咸丘
위천자의 우수천하제후이위요삼년상 시이천자의 함구

蒙曰 舜之不臣堯 則吾旣得聞命矣 詩云 普天之下 莫非王
몽왈 순지불신요 즉오기득문명의 시운 보천지하 막비왕

土 率土之濱 莫非王臣 而舜旣爲天子矣 敢問瞽瞍之非臣
토 솔토지빈 막비왕신 이순기위천자의 감문고수지비신

如何 曰 是詩也 非是之謂也 勞於王事 而不得養父母也
여하 왈 시시야 비시지위야 노어왕사 이부득양부모야

曰 此莫非王事 我獨賢勞也 故說詩者 不以文害辭 不以辭
왈 차막비왕사 아독현노야 고설시자 불이문해사 불이사

害志 以意逆志 是爲得之 如以辭而已矣 雲漢之詩曰 周餘
해지 이의역지 시위득지 여이사이이의 운한지시왈 주여

黎民 靡有孑遺 信斯言也 是周無遺民也 孝子之至 莫大乎
려민 미유혈유 신사언야 시주무유민야 효자지지 막대호

尊親 尊親之至 莫大乎以天下養 爲天子父 尊之至也 以天
존친 존친지지 막대호이천하양 위천자부 존지지야 이천

下養 養之至也 詩曰 永言孝思 孝思維則 此之謂也 書曰
하양 양지지야 시왈 영언효사 효사유즉 차지위야 서왈

祗載見瞽瞍 夔夔齊栗 瞽瞍亦允若 是爲父不得而子也
지재견고수 기기제율 고수역윤약 시위부부득이자야

  함구몽이 물었다. "옛말에 '덕이 높은 선비는 군주도 그를 신하로 삼을 수 없고, 아버지도 그를 아들로 삼을 수가 없다.'고 했습니다. 순임금이 남면해서 제위에 오르자, 요임금이 제후들을 거느리고 북면해서 그를 뵈었고, 순임금의 아버지 고수 역시 북면해서 조회했는데, 순임금이 아버지 고수를 보면서 얼굴에 불안한 기색이 있었다고 합니다. 공자께서는 '그 때는 천하가 위태로웠다.'고 하셨다는데, 잘 모릅니다만 그 말이 정말입니까?" 맹자가 대답했다. "아니다. 그것은 군자가 한 말이 아니고 제나라 동쪽의 일반 야인들의 말이다. 요임금이 늙자, 순임금이 섭정을 했다는 말이다. 〈요전〉에는 '28년에 방훈 요임금이 돌아가시자, 백성들은 부모 잃은 것처럼 슬퍼하였으며, 3년 동안 천하에는 팔음의 악기 소리가 그쳤다.'고 했다. 공자께서는 '하늘에는 두 해가 없고, 백성에겐 두 임금이 없다.'고 했다. 순임금이 이미 천자가 되었는데, 또 천하의 제후들을 거느리고 임금의 삼년상을 치렀다면 그것은 천자가 둘이 있게 되는 것이다." 함구몽이 물었다. "순임금이 요임금을 신하로 삼지 않았다는 것을 이제 알아들었습니다. 《시경》에서는 '하늘 아래 왕의 땅이 아닌 곳이 없고, 땅의 끝닿는 데까지 왕의 신하 아닌 사람이 없다.'고 했습니다. 순임금이 이미 천자가 되었는데, 아버지 고수는 신하 노릇을 하지 않았다고 한 것은 어떻게 된 것입니까?" 맹자가 대답했다. "그것은 그런 뜻이 아니라 왕의 일에 애쓰느라 부모를 공양할 수 없었다는 것을 말한 것인데, '왕의 일이 아닌 게 하나도 없는데 나 혼자 이렇게 애쓴다.'고 한 것이다. 그러므로 《시경》을 해설하는 사람은 글자로 말의 뜻을 오해해서도 안 되고, 말로 사람의 뜻을 오해해서도 안 된다. 오직 자신의 생각으로 본래의 뜻을 알아내면 그 진실을 제대로 이해할 수 있게 된다. 말로만 따지게 된다면 《시경》의 '운한의 시'에 '주나라에 살아남은 백성은 하나도 없다.'고 했는데, 이 말을 글자 그대로 믿는다면 주나라에는 백성이 한 사람도 없게 된다. 효성이 지극한 것으로는 어버이를 공경하는 것보다 더 큰 일이 없고, 어버이를 공경하는 일로는 천하를 가지고 섬기는 것보다 더 큰 것이 없다. 천자의 아버지가 된 것은 존경이 지극한 것이고, 천하를 가지고 섬기는 것은 그 섬김이 지극한 것이다. 《시경》에는 '늘 효도를 생각하니 효도를 하려는 생각이 곧 천하의 모범이 되었다.'고 했으니, 이것을 두고 한 말이다. 《서경》에 '순임금은 일을 공경스럽게 하고, 아버지 고수를 대함에 조심스럽고 두려운 듯이 했으니, 고수도 또한 순을 믿고 따랐다.'고 했다. 이것이 덕이 높은 선비는 아버지도 함부로 아들로 삼을 수 없다는 것이다."

[語釋]

*함구몽(咸丘蒙) : 맹자의 제자. 제(齊)나라 사람. *이(而) : ① 너, 네 ② '~로서 또는 능히'의 뜻. 받침이 없거나 ㄹ 받침으로 끝나는 체언에 붙어 '자격이나 신분이나 지위를 가지고'의 뜻을 나타냄. *남면(南面) : 천자(天子)의 제위에 오른 것을 상징한다. 즉 天子는 남쪽을 향하여 신서(臣庶)를 만나고, 신하는 북쪽을 향하여 천자를 알현하는 것을 말한다. 북두성(北斗星)이 뭇별들을 거느리고 있는 모습에서 이런 배치가 있게 되었다고 함. *급급(岌岌) : 위태로운 모양. *재(載) : 년(年)과 같다. *요전(堯典) : 《서경》 '우서(虞書)'의 편명(篇名). *방훈(放勳) : 요임금의 이름. *조락(徂落) : 조락(殂落). 임금의 죽음. *고비(考妣) : 돌아가신 부모. 즉 살아 있는 아버지는 父 죽으면 考이고, 살아 있는 어머니는 母 죽으면 妣이다. *알밀(遏密) : 遏은 멈춤이고 密은 고요함, 遏密은 악기 소리가 멎어서 그친 것. *팔음(八音) : 팔종(八種)으로 된 악기의 음. *보천지하(普天之下) : 普는 보편(普遍)이니, '온 천하 중에서'라는 말. *솔토지빈(率土之濱) : 率은 도는 것이고, 濱은 끝이다. 따라서 率土之濱은 땅 끝닿는 데까지라는 말. *현로(賢勞) : 힘들이고 수고함. *지(志) : 여기서는 전체의 의미 또는 대의(大意)를 말한다. *역(逆) : 맞이하다. 여관(旅館)을 역여(逆旅)라고 한다. *운한(雲漢) : 《시경》 '대아(大雅)'의 편

명(篇名). 가뭄으로 인한 기근(饑饉)을 과장하여 노래했다. *미(靡) : 없음. 부정조사(否定助詞). *지(祗) : 공경(恭敬). *재(載) : 일[事]. *기기제율(蘷蘷齊栗) : 蘷蘷는 두려워 삼가는 모양, 齊栗은 제율(齊慄)과 같은 말로 '함께 두려워하는 것, 또는 삼가고 두려워하는 것'을 뜻함. *윤약(允若) : 允은 믿음이고 若은 좇음이니, 允若은 믿고 따른다는 말.

[大意]

맹자가 존경하는 요임금과 순임금에 대해서 잘못 전해 내려온 말에 대하여 정리했다.

함구몽이란 제자가 와전된 요임금과 순임금의 관계, 즉 순임금이 새로이 천자가 되어 요임금과 아버지를 신하로서 예의를 갖추도록 하였다는 고전(古傳)을 예로 들며, 성인으로 불리는 순임금이 그렇게 한 것이 맞느냐고 묻자, 맹자는 순임금은 요임금이 살아 있는 동안에 섭정을 한 일은 있지만 천자가 된 적이 없다고 제자의 물음을 일축해 버리고 있다.

따라서 함구몽이 알고 있는 고전의 말은 글자 그대로 믿을 것이 못된다고 말하고, 순임금의 진실한 모습이 무엇인가를 설명했다.

제5장

萬章曰 堯以天下與舜 有諸 孟子曰 否 天子不能以天下與
만장왈 요이천하여순 유제 맹자왈 부 천자불능이천하여

人 然則舜有天下也 孰與之 曰 天與之 天與之者 諄諄然
인 연즉순유천하야 숙여지 왈 천여지 천여지자 순순연

命之乎 曰 否 天不言 以行與事示之而已矣 曰 以行與事
명지호 왈 부 천불언 이행여사시지이이의 왈 이행여사

示之者如之何 曰 天子能薦人於天 不能使天與之天下 諸
시지자여지하 왈 천자능천인어천 불능사천여지천하 제

侯能薦人於天子 不能使天子與之諸侯 大夫能薦人於諸
후능천인어천자 불능사천자여지제후 대부능천인어제

侯 不能使諸侯與之大夫 昔者堯薦舜於天而天受之 暴之
후 불능사제후여지대부 석자요천순어천이천수지 폭지

於民而民受之 故曰 天不言 以行與事示之而已矣 曰 敢問
어민이민수지 고왈 천불언 이행여사시지이이의 왈 감문

薦之於天而天受之 暴之於民而民受之 如何 曰 使之主祭
천지어천이천수지 폭지어민이민수지 여하 왈 사지주제

而百神享之 是天受之 使之主事而事治 百姓安之 是民受
이백신향지 시천수지 사지주사이사치 백성안지 시민수

之也 天與之 人與之 故曰 天子不能以天下與人 舜相堯二
지야 천여지 인여지 고왈 천자불능이천하여인 순상요이

> 十有八載 非人之所能爲也 天也 堯崩 三年之喪畢 舜避堯
> 십유팔재 비인지소능위야 천야 요붕 삼년지상필 순피요
>
> 之子於南河之南 天下諸侯朝覲者 不之堯之子而之舜 訟
> 지자어남하지남 천하제후조근자 부지요지자이지순 송
>
> 獄者 不之堯之子而之舜 謳歌者 不謳歌堯之子而謳歌舜
> 옥자 부지요지자이지순 구가자 불구가요지자이구가순
>
> 故曰天也 夫然後之中國 踐天子位焉 而居堯之宮 逼堯之
> 고왈천야 부연후지중국 천천자위언 이거요지궁 핍요지
>
> 子 是篡也 非天與也 太誓曰 天視自我民視 天聽自我民聽
> 자 시찬야 비천여야 태서왈 천시자아민시 천청자아민청
>
> 此之謂也
> 차지위야

만장이 물었다. "요임금이 천하를 순임금에게 주었다는데 그런 일이 있었습니까?" 맹자가 대답했다. "아니다. 천자라도 천하를 남에게 주지는 못한다." 만장이 다시 물었다. "그러면 순임금이 천하를 차지한 것은 누가 준 것입니까?" 맹자가 대답했다. "하늘이 준 것이다." 만장이 물었다. "하늘이 주었다는 것은 하늘이 이렇게 저렇게 하라고 명령했다는 것입니까?" 맹자가 대답했다. "아니다. 하늘은 말을 하지 않는다. 행동과 하는 일로 보여 준다." 만장이 물었다. "행동과 하는 일로 표현한다는 것은 어떻게 하는 것입니까?" 맹자가 대답했다. "천자는 사람을 하늘에 추천할 수

는 있지만 하늘로 하여금 그를 천자가 되도록 하지는 못한다. 제후도 사람을 천자에게 추천할 수는 있지만 천자로 하여금 그를 제후로 봉하도록 하지는 못한다. 대부도 사람을 제후에게 추천할 수는 있지만 제후로 하여금 그를 대부로 삼도록 하지는 못한다. 옛날에 요임금이 순임금을 하늘에 추천하니 하늘이 이를 받아들였고, 그를 백성들 앞에 드러내자 백성들이 받아들인 것이다. 그래서 하늘은 말을 하지 않고 행동과 하는 일로 그 뜻을 보여준다고 하는 것이다." 만장이 물었다. "하늘에 추천하니 하늘이 그를 받아들였고, 백성들에게 보여주자 백성들이 받아들였다는 것은 어떻게 한 것입니까?" 맹자가 대답했다. "그로 하여금 제사를 지내게 하였는데, 모든 신이 그 제사를 기꺼이 받아들였으니 그것이 바로 하늘이 그를 받아들인 것이고, 그로 하여금 나라 일을 보게 했더니, 나라가 잘 다스려지고 백성들이 편안하게 살게 되었는데 그것이 바로 백성들이 그를 받아들인 것이다. 하늘이 천하를 주었고 백성들이 천하를 주었기 때문에 천자가 천하를 남에게 주지 못한다고 한 것이다. 순임금은 요임금을 28년 동안이나 도왔는데, 그것은 사람이 할 수 있는 일이 아니라 하늘이 그렇게 하게 한 것이다. 요임금이 돌아가신 뒤에 삼년상을 마치고 나서, 순임금은 요임금의 아들을 피해서 남하의 남쪽으로 갔다. 그러나 임금을 배알하러 오는 천하의 제후들이 요임금의 아들에게 가지 않고 순임금에게 갔다. 소송을 하려는 사람들도 요임금의 아들에게 가지 않고 순임금에게 갔으며, 노래하여 덕을 찬양하는 사람들도 요임금의 아들을 찬양하지 않고 순임금을 찬양하였다.

그러므로 이것을 하늘이 시킨 것이라고 한 것이다. 이렇게 된 뒤에 순임금은 중원으로 가서 천자의 위에 올랐다. 그렇지 않고 만약 요임금의 궁전에서 살면서 요임금의 아들을 핍박하여 천자의 자리에 올랐다면 그것은 찬탈한 것이지 하늘이 준 것이 아니다. 〈태서〉에 '하늘은 우리 백성이 보는 것을 통해서 보고, 하늘은 우리 백성이 듣는 것을 통해서 듣는다.'고 한 것은 이것을 말한 것이다."

[語釋]
*순순(諄諄) : 자세히 타이르는 모양. *천(薦) : 천거(薦擧). 인재를 어떤 자리에 추천하는 것. *포(暴) : 드러내다. *향(享) : 신명(神明)이 제물(祭物)을 받는 것. *천수지(天受之) : 모든 신이 제사(祭祀)를 받는 것. *상(相) : 보좌(輔佐). *남하(南河) : 당시 도읍의 남쪽에 있던 고을을 말함. *조근(朝覲) : 覲은 '알현(謁見), 뵙다, 보다.'의 뜻. 따라서 朝覲은 임금을 배알(拜謁)하는 것. *중국(中國) : 황하를 중심으로 한 지역, 중원(中原)과 같은 뜻. *천(踐) : 천극(踐極), 즉 임금의 자리에 오르는 것. *이거(而居) : 而는 '만약, 만일'이다. 居는 居處로 여기서는 탈취(奪取), 또는 찬탈(簒奪)을 말한다. *자(自) : ~로부터. 따라서. 통해서.

[大意]
흔히 요임금이 순임금에게 천하를 물려주었다고 말하지만, 그것은 요임금이 사사로이 물려준 것이 아니라 순임금이 그럴만한 덕이 있었기 때문이다.
천하를 얻는 것은 하늘의 뜻에 달렸는데, 하늘의 뜻은 어느 한 나라나 사람에게 머무는 것이 아니라 덕이 높은 사람에게 옮겨 가는 것이다. 따라서 천하를 얻으려면 부단히 덕을 닦아야 하고, 군주가 덕을 닦는다고 하는 것은 어질게 나라를 다스린다는 것을 의미한다.

제6장

萬章問曰 人有言 至於禹而德衰 不傳於賢而傳於子 有諸
만장문왈 인유언 지어우이덕쇠 부전어현이전어자 유제

孟子曰 否 不然也 天與賢 則與賢 天與子 則與子 昔者舜
맹자왈 부 불연야 천여현 즉여현 천여자 즉여자 석자순

薦禹於天 十有七年 舜崩 三年之喪畢 禹避舜之子於陽城
천우어천 십유칠년 순붕 삼년지상필 우피순지자어양성

天下之民從之 若堯崩之後 不從堯之子而從舜也 禹薦益
천하지민종지 약요붕지후 부종요지자이종순야 우천익

於天 七年 禹崩 三年之喪畢 益避禹之子於箕山之陰 朝覲
어천 칠년 우붕 삼년지상필 익피우지자어기산지음 조근

訟獄者不之益而之啓 曰 吾君之子也 謳歌者不謳歌益而
송옥자부지익이지계 왈 오군지자야 구가자불구가익이

謳歌啓 曰 吾君之子也 丹朱之不肖 舜之子亦不肖 舜之相
구가계 왈 오군지자야 단주지불초 순지자역불초 순지상

堯 禹之相舜也 歷年多 施澤於民久 啓賢 能敬承繼禹之道
요 우지상순야 역년다 시택어민구 계현 능경승계우지도

益之相禹也 歷年少 施澤於民未久 舜禹益相去久遠 其子
익지상우야 역년소 시택어민미구 순우익상거구원 기자

之賢不肖 皆天也 非人之所能爲也 莫之爲而爲者 天也 莫
지현불초 개천야 비인지소능위야 막지위이위자 천야 막

제9편 만장 상

之致而至者 命也 匹夫而有天下者 德必若舜禹 而又有天
지치이지자 명야 필부이유천하자 덕필약순우 이우유천

子薦之者 故仲尼不有天下 繼世以有天下 天之所廢 必若
자천지자 고중니불유천하 계세이유천하 천지소폐 필약

桀紂者也 故益 伊尹 周公不有天下 伊尹相湯以王於天下
걸주자야 고익 이윤 주공불유천하 이윤상탕이왕어천하

湯崩 太丁未立 外丙二年 仲壬四年 太甲顚覆湯之典刑 伊
탕붕 태정미입 외병이년 중임사년 태갑전복탕지전형 이

尹放之於桐 三年 太甲悔過 自怨自艾 於桐處仁遷義 三年
윤방지어동 삼년 태갑회과 자원자애 어동처인천의 삼년

以聽伊尹之訓己也 復歸于亳 周公之不有天下 猶益之於
이청이윤지훈기야 복귀우박 주공지불유천하 유익지어

夏 伊尹之於殷也 孔子曰 唐虞禪 夏后殷周繼 其義一也
하 이윤지어은야 공자왈 당우선 하후은주계 기의일야

만장이 물었다. "사람들이 '우임금 때에 이르러 덕이 쇠퇴해져서 천자의 자리를 어진 사람에게 물려주지 않고 자기 아들에게 물려주었다.'고 하는데, 그것이 사실입니까?" 맹자가 대답했다. "아니다. 그렇지 않다. 하늘은 어진 사람에게 줄 만하면 어진 사람에게 주고, 임금의 아들에게 줄 만하면 임금의 아들에게 주는 것이다. 옛날에 순임금이 우를 하늘에게 추천하고 나서 17년 뒤에 돌아가셨다. 우는 삼년상을 끝내고 순임금의 아들이 천자의 자리를 물려받도록 피해서 양성으로 갔는데, 천하의 백성들이 그를 따라갔다. 그것은 요임금이 돌아가신 뒤에 백성들이 요임금의 아들을 따라가지 않고 순임금을 따라간 것과 마찬가지였다. 우임금은 익을 하늘에 추천하고 나서 7년 뒤에 돌아가셨다. 삼년상을 마치고 익은 우임금의 아들이 천자의 자리를 물려받도록 피해서 기산 북쪽으로 갔는데, 조근과 송사를 하려는 사람들이 익에게 가지 않고 우임금의 아들 계에게로 가면서 '우리 임금님의 아들이다.'고 말했다. 노래하여 덕을 찬양하는 사람들도 익을 찬양하지 않고 계를 찬양하여 '우리 임금님의 아들이다.'고 노래했다. 요임금의 아들 단주는 못났었는데 순임금의 아들 또한 못났었다. 순임금이 요임금을 보좌한 기간과 우임금이 순임금을 보좌한 기간이 길어서 백성들은 오랫동안 혜택을 받았다. 계는 어질었기에 우임금의 도를 받들어 계승할 수 있었다. 익은 우임금을 보좌한 햇수가 짧아서 그만큼 백성들에게 혜택을 베풀지 못했다. 순임금과 우임금과 익이 임금을 보좌한 햇수의 길고 짧음과, 그 아들이 잘나고 못난 것은 모두가 하늘의 뜻이지 사람이 할 수 있는 일이 아니었다. 하려고 한 것이 아닌데 이루어는 것은 하늘의 뜻이고, 부르지 않았는데도 저절로 닥쳐오는 것은 운명이다. 보통사람으로서 천하를 차지하려면 그 덕이 반드시 순임금과 우임금 같아야 하고, 또 그를 추천할 천자가 있어야 한다. 그런 까닭에 공자는 천하를 차지하지 못한 것이다. 대를 이어서 천하를 차지하다가 하늘의 버림을 받은 사람은 걸왕과 주왕 같은 사람이다. 그런 까닭에 익과 이윤과 주공은 천하를 차지하지 못했다. 이윤은 탕왕을 보좌해서 천하의 임금이 되게 했다. 탕왕이 죽자 세자 태정은 왕위에 오르지 못하고 죽었고, 외병은 왕위에 올라 두 해 만에 죽었고, 중임은 왕위에 오른 지 네 해 만에 죽었다. 태갑은 왕위에 오르자 탕왕의 법도를 마음대로 훼손해버렸다. 그래서 이윤은 태갑을 동이란 곳으로 3년 동안 추방했는데, 태갑이 3년 동안 동에서 스스로 잘못을 뉘우치고 자신을 수양하면서 인의를 잘 실천했기 때문에 다시 박으로 돌아올 수 있었다. 주공이 천하를 차지하지 못한 것은 익이 하왕조에서 그랬던 것과, 이윤이 은왕조에서 그랬던 것과 같다. 그러므로 공자는 '요임금과 순임금은 왕위를 선양했고, 그 후 하은주 삼대는 세습을 했지만 그 뜻은 같다.'고 말했던 것이다."

[語釋]

*십유칠년(十有七年) : 17년을 말함. *순지자(舜之子) : 순(舜)임금의 아들이었던 상균(商均)을 말함. *양성(陽城) : 지명(地名). *기산지음(箕山之陰) : 지명(地名). *익(益) : 우(禹)임금의 신하. *계(啓) : 우(禹)임금의 아들. *단주(丹朱) : 요(堯)임금의 아들. *이윤(伊尹) : 은(殷)나라의 성탕(成湯)을 도와서 나라를 세웠다. *걸주(桀紂) : 하(夏)나라의 걸왕과 은(殷)나라의 주왕을 말한다. 둘 다 나라를 망하게 한 폭군(暴君)임. *태정(太丁) : 은나라 성탕(成湯)의 태자. *외병(外丙) : 태정(太丁)의 아우. *중임(仲壬) : 태정의 아우. *태갑(太甲) : 태정(太丁)의 아들. *전형(典刑) : 제도(制度)와 규범(規範) 등을 말함. *동(桐) : 탕왕(湯王)의 묘(墓)가 있는 곳. *박(亳) : 은(殷)나라의 수도(首都). *당우(唐虞) : 唐은 요임금, 虞는 순임금을 말한다. *선(禪) : 선위(禪位). 선량(禪讓). *하후(夏后) : 하(夏)는 우왕(禹王)이

다스린 나라로, 하후(夏后)나 하후씨(夏后氏)라고 한다.

[大意]

 만장이 우임금 대에 이르러 아들에게 천하를 물려주어 덕이 쇠퇴하지 않았느냐고 묻자, 맹자는 '요임금이 순임금에게 천하를 물려준 것이나 순임금이 우임금에게 천하를 물려준 것은 모두 하늘의 뜻이니, 우임금이 아들에게 천하를 물려준 것도 하늘의 뜻'이라고 대답하며 선례를 들어 설명하고 있다.

제7장

萬章問曰 人有言 伊尹以割烹要湯 有諸 孟子曰 否 不然
만장문왈 인유언 이윤이할팽요탕 유제 맹자왈 부 불연

伊尹耕於有莘之野 而樂堯舜之道焉 非其義也 非其道也
이윤경어유신지야 이악요순지도언 비기의야 비기도야

祿之以天下 弗顧也 繫馬千駟 弗視也 非其義也 非其道也
녹지이천하 불고야 계마천사 불시야 비기의야 비기도야

一介不以與人 一介不以取諸人 湯使人以幣聘之 囂囂然
일개불이여인 일개불이취제인 탕사인이폐빙지 효효연

曰 我何以湯之聘幣爲哉 我豈若處畎畝之中 由是以樂堯
왈 아하이탕지빙폐위재 아기약처견무지중 유시이악요

舜之道哉 湯三使往聘之 旣而幡然改曰 與我處畎畝之中
순지도재 탕삼사왕빙지 기이번연개왈 여아처견무지중

由是以樂堯舜之道 吾豈若使是君爲堯舜之君哉 吾豈若
유시이락요순지도 오기약사시군위요순지군재 오기약

使是民爲堯舜之民哉 吾豈若於吾身親見之哉 天之生此
사시민위요순지민재 오기약어오신친견지재 천지생차

民也 使先知覺後知 使先覺覺後覺也 予 天民之先覺者也
민야 사선지각후지 사선각각후각야 여 천민지선각자야

予將以斯道覺斯民也 非予覺之 而誰也 思天下之民匹夫
여장이사도각사민야 비여각지 이수야 사천하지민필부

匹婦有不被堯舜之澤者 若己推而內之溝中 其自任以天
필부유불피요순지택자 약기추이납지구중 기자임이천

下之重如此 故就湯而說之以伐夏救民 吾未聞枉己而正
하지중여차 고취탕이설지이벌하구민 오미문왕기이정

人者也 況辱己以正天下者乎 聖人之行不同也 或遠或近
인자야 황욕기이정천하자호 성인지행불동야 혹원혹근

或去或不去 歸潔其身而已矣 吾聞其以堯舜之道要湯 未
혹거혹불거 귀결기신이이의 오문기이요순지도요탕 미

聞以割烹也 伊訓曰 天誅造攻自牧宮 朕載自亳
문이할팽야 이훈왈 천주조공자목궁 짐재자박

만장이 물었다. "사람들이 이윤은 요리를 하는 것으로 탕왕의 신임을 받으려고 했다는 말이 있는데, 사실입니까?" 맹자가 대답했다. "아니다. 그렇지 않다. 이윤은 유신의 들판에서 밭을 갈면서 요순의 도를 즐기고 있었다. 정의나 도리에 맞지 않으면 천하를 녹으로 준다 해도 돌아보지 않았고, 말 4천 필을 준다고 해도 돌아보지 않았다. 정의와 도리에 맞지 않으면 풀 한 포기도 남에게 주지도 받지도 않았다. 탕왕이 사람을 시켜서 폐백을 전하며 그를 초빙했지만 거리낌 없이 '내가 탕왕의 폐백을 받고 초빙되어 무슨 소용이 있겠는가? 이렇게 밭을 갈면서 요순의 도를 즐기는 것만 하겠는가?' 하고 말했다. 탕왕이 세 번이나 사람을 보내서 초빙하자, 그때야 생각을 바꿔 이렇게 말했다. '내가 밭에서 농사

짓고 살면서 요순의 도를 즐기는 것이 어떻게 이 임금을 요순과 같은 임금이 되게 하는 것과 같고, 이 백성을 요순의 백성처럼 되게 하는 것과 같으며, 어떻게 그렇게 되는 것을 직접 보는 것과 같겠는가? 하늘이 백성을 이 세상에 낼 때 먼저 아는 사람으로 하여금 뒤에 알게 될 사람을 알게 하고, 먼저 깨치는 사람으로 하여금 뒤의 사람을 깨치게 했다. 나는 하늘이 낸 백성 가운데서 먼저 깨달은 사람이다. 나는 이 도리로써 이 백성을 깨치게 하려고 한다. 내가 깨치게 하지 않으면 누가 하겠는가?' 그는 천하의 백성 중에 한 사람이라도 요순의 은택을 입지 못하면 마치 자신이 그들을 구렁텅이에 밀어 넣은 것같이 우려했다. 그가 천하에 중대한 책임을 지고 나온 것이 이와 같았으니, 탕왕에게 가서 하나라를 쳐서 백성들을 구하도록 설득했던 것이다. 나는 아직 자신을 굽혀 남을 바르게 했다는 얘기는 들어본 일이 없고, 하물며 자신을 욕되게 해서 천하를 바로잡았다는 것은 더 말할 필요가 있겠는가? 성인의 행동은 멀리 있기도 하고 가까이 있기도 하며, 떠나기도 하고 떠나지 않기도 하지만, 결국은 자신의 몸을 깨끗이 하는 것에 귀결된다. 나는 이윤이 탕왕에게 요순의 도리를 실천하기를 바랐다는 말은 들었어도 요리하는 것으로 그렇게 했다는 말은 듣지 못했다. 〈이훈〉에는 '하늘의 정벌은 목궁(牧宮)에서 비롯되었지만, 이윤은 탕왕을 돕는 일을 박(亳)에서 시작했다.'고 말했다."

[語釋]

*할팽(割烹) : 요리하는 것. *유신(有莘) : 고대 중국의 나라 이름. *계마천사(繫馬

千駟) : 繫馬는 매어 놓은 말(馬), 駟는 네 필의 말. 따라서 사천 마리의 매어 놓은 말(馬)이니, 재화(財貨)를 뜻함. *개(介) : 여기에서는 草艾(초애)나 草芥(초개)로, 하찮은 것을 말함. *폐(幣) : 예물용(禮物用) 비단. *효효(囂囂) : 욕심 없는 모양. *기약~재(豈若~哉) : 어찌 ~하는 것만 하리오? *기이(旣而) : 이윽고. *번연(幡然) : 돌연. 갑자기. *여(與) : 만일. 가령. 부사적(副詞的) 용법. *사도(斯道) : 요순(堯舜)의 인의지도(仁義之道). *가피(加被) : 불교(佛敎) 용어로, 은혜를 더하다, 또는 베풀다. *원(遠) : 여기에서는 관직(官職)을 떠나 은둔하는 것을 뜻함. *근(近) : 여기에서는 군주(君主)를 섬기는 것 *이훈(伊訓) : 《서경(書經)》의 한 편명(篇名). *천주(天誅) : 천의(天意)에 의한 토벌(討伐). *조공(造攻) : 造는 원인을 스스로 만든 것을 뜻해서, 造攻은 공벌(攻伐)당할 원인을 스스로 만든 것을 말한다. *목궁(牧宮) : 하(夏)나라 걸왕(桀王)의 궁전을 말한다.

[大意]

이윤이 당시 궁궐에서 요리를 맡았던 사람으로 그 요리 솜씨로 인하여 탕왕에게서 벼슬자리를 얻었다는 이설(異說)에 대해서 맹자가 해명을 하고 있다.

제8장

萬章問曰 或謂孔子於衛主癰疽 於齊主侍人瘠環 有諸乎
만장문왈 혹위공자어위주옹저 어제주시인척환 유제호

孟子曰 否 不然也 好事者爲之也 於衛主顔讎由 彌子之妻
맹자왈 부 불연야 호사자위지야 어위주안수유 미자지처

與子路之妻 兄弟也 彌子謂子路曰 孔子主我 衛卿可得也
여자로지처 형제야 미자위자로왈 공자주아 위경가득야

子路以告 孔子曰 有命 孔子進以禮 退以義 得之不得曰
자로이고 공자왈 유명 공자진이례 퇴이의 득지부득왈

有命 而主癰疽與侍人瘠環 是無義無命也 孔子不悅於魯
유명 이주옹저여시인척환 시무의무명야 공자불열어노

衛遭宋桓司馬將要而殺之 微服而過宋 是時孔子當阨 主
위조송환사마장요이살지 미복이과송 시시공자당액 주

司城貞子 爲陳侯周臣 吾聞觀近臣 以其所爲主 觀遠臣 以
사성정자 위진후주신 오문관근신 이기소위주 관원신 이

其所主 若孔子主癰疽與侍人瘠環 何以爲孔子
기소주 약공자주옹저여시인척환 하이위공자

만장이 물었다. "어떤 사람의 말에 공자는 위나라에서는 옹저라는 의원의 집에 거처하셨고, 제나라에서는 척환이라는 환관의 집에 거처하셨다는데, 그것이 사실입니까?" 맹자가 대답했다.

"아니다. 그렇지 않다. 그것은 호사가들의 말이다. 위나라에서는 안수유의 집에 거처했다. 미자의 아내는 자로의 아내와 자매간인데, 미자가 자로에게 '공자께서 우리 집에 거처를 정하면, 위나라의 재상 자리는 얻을 수 있을 것이오.'라고 했다. 자로가 이 말을 공자에게 전하니, 공자는 '모두 천명에 따르는 것이다.'고 말했다. 공자께서는 예에 따라 벼슬에 나아가고, 의에 따라 벼슬에서 물러났으며, 벼슬을 얻고 얻지 못하는 것은 천명에 달려있다고 했다. 따라서 의원 옹저의 집과 환관 척환의 집에 거처했다면 그것은 예의도 없고 천명도 없는 것이다. 공자께서는 노나라와 위나라에서는 환영받지 못했고, 송나라에서는 환사마가 길목에서 공자를 죽이려 한 일이 있었기 때문에 변복을 하고 지나갔다. 그 때 공자께서 횡액을 당하여 진나라 후주의 신하인 사성정자의 집에 거처하셨다. 내가 듣기로는 가까운 신하를 살필 때는 그의 집에 거처하는 사람을 보고, 멀리서 벼슬하러 온 사람은 그가 거처하는 집의 주인을 보면 알 수 있다고 했다. 공자께서 옹저의 집과 환관인 척환의 집에 거처했다면 어떻게 공자라고 하겠는가?"

[語釋]

*주(主) : 여기에서는 주인(主人)을 정한다는 의미로, 곧 묵을 곳을 찾는다는 말.
*옹저(癰疽) : 의원(醫員). *시인척환(侍人瘠環) : 瘠環이란 이름의 환관(宦官).
*호사자(好事者) : 문제를 일으키기 좋아하는 사람. *안수유(顔讎由) : 위(衛)나라의 어진 대부. *미자(彌子) : 위(衛)나라의 신하. *조(遭) : 조난(遭難). *환사마(桓司馬) : 司馬는 군사를 관장하는 직책이고, 桓은 사람의 성씨. *요(要) : 요로(要路). 길목

에 잠복해서 기다리는 것. *미복(微服) : 미천(微賤)한 사람들이 입는 옷으로 변장한 것. *액(阨) : 횡액(橫阨). 횡액(橫厄). *사서정자(司城貞子) : 송(宋)나라의 대부. *진후(陳侯) : 사람의 성씨. *근신(近臣) : 현재 조정(朝廷)에 있는 신하. *원신(遠臣) : 다른 나라에서 와서 벼슬을 살고 있는 신하. *위공자(爲孔子) : 공자는 곧 성인(聖人)의 대명사(代名詞)와 같다.

[大意]

벼슬은 예의에 따라 하고 의에 따라 물러나며, 벼슬을 얻고 얻지 못함은 천명에 달려있다고 했듯이, 도리에 한 치도 어긋남이 없는 공자가 어떻게 벼슬을 위해서 파렴치한 행동을 할 수 있겠느냐고 말했다. 따라서 맹자는 여기에서 여러 가지 실례를 들어, 공자는 곧 성인이고 성인이 곧 공자라고 결론을 지었다.

제9장

萬章問曰 或曰 百里奚自鬻於秦養牲者 五羊之皮 食牛 以
만장문왈 혹왈 백리해자죽어진양생자 오양지피 식우 이

要秦穆公 信乎 孟子曰 否 不然 好事者為之也 百里奚 虞
요진목공 신호 맹자왈 부 불연 호사자위지야 백리해 우

人也 晉人以垂棘之璧與屈產之乘 假道於虞以伐虢 宮之
인야 진인이수극지벽여굴산지승 가도어우이벌괵 궁지

奇諫 百里奚不諫 知虞公之不可諫而去 之秦 年已七十矣
기간 백리해불간 지우공지불가간이거 지진 연이칠십의

曾不知以食牛干秦穆公之為汙也 可謂智乎 不可諫而不
증불지이식우간진목공지위오야 가위지호 불가간이불

諫 可謂不智乎 知虞公之將亡而先去之 不可謂不智也 時
간 가위부지호 지우공지장망이선거지 불가위부지야 시

舉於秦 知穆公之可與有行也而相之 可謂不智乎 相秦而
거어진 지목공지가여유행야이상지 가위불지호 상진이

顯其君於天下 可傳於後世 不賢而能之乎 自鬻以成其君
현기군어천하 가전어후세 불현이능지호 자죽이성기군

鄉黨自好者不為 而謂賢者為之乎
향당자호자불위 이위현자위지호

만장이 물었다. "어떤 사람이 말하기를 '백리해는 진나라의 제

제9편 만장 상 49

사에 쓸 동물을 기르는 사람한테 다섯 장의 양가죽을 받고 자신을 팔아, 그곳에서 소를 치면서 진나라의 목공에게서 벼슬할 기회를 노렸다는데, 그것이 사실입니까?" 맹자가 대답했다. "아니다. 그렇지 않다. 호사가들이 지어 낸 소리다. 백리해는 우나라 사람이다. 진나라가 수극에서 나는 둥근 옥과 굴에서 나는 말을 우나라에 선물하고 길을 빌려서 괵나라를 치려고 했다. 그때 궁지기는 길을 내주지 말자고 간언했고, 백리해는 간언하지 않았다. 백리해는 우공에게 간언해도 소용없음을 알고 우나라를 떠나 진나라로 갔는데, 그 때 그의 나이 칠십이었다. 그가 그 때 소치는 사람이 되어 진나라의 목공에게서 벼슬을 얻는 것이 더러운 짓이라는 것을 몰랐다면 어찌 그를 지혜롭다고 하겠는가? 간언해도 소용없다는 것을 알고 간언하지 않았으니 지혜롭지 않다고 할 수 있겠는가? 우공이 장차 멸망할 것이라는 것을 알고 우나라를 떠났으니 그를 지혜롭지 않다고 할 수 있겠는가? 때마침 진나라의 목공이 함께 일할 만한 사람임을 알고 그를 보좌했으니 지혜롭지 않다고 할 수 있겠는가? 진나라의 대신이 되어서 주군의 명성을 천하에 떨치게 하여 후세에까지 전하게 했는데, 어질지 않고서 어떻게 그리 할 수가 있겠는가? 자신을 팔아서 그 주군의 위업을 이루게 하는 일은 시골에서 명성을 좇는 사람들조차도 하려고 하지 않는데, 어떻게 백리해 같이 어진 사람이 그런 짓을 했겠는가?"

[語釋]
*백리해(百里奚) : 우(虞)나라의 현인(賢人). *자육(自鬻) : 자신을 판다는 뜻. *사

(食) : 여기에서는 '먹인다'는 뜻. *우(虞) : 나라의 이름. *수극(垂棘) : 진(晉)나라의 고을 이름. *벽(璧) : 둥근 옥(玉). *굴(屈) : 여기에서는 좋은 말이 생산되는 지명(地名)을 말함. *승(乘) : 여기에서는 '말 네 마리', 곧 말(馬)을 말함. *괵(虢) : 나라 이름. *궁지기(宮之奇) : 우(虞)나라의 현신(賢臣). *오(汙) : 汚와 같음. 천하고 부끄러운 행동. *거(擧) : 등용(登用). *자호자(自好者) : 명성(名聲)을 얻기 좋아하는 사람.

[大意]

목공이 진나라를 다스리던 당시의 현인 백리해에 대한 세간의 속설을 맹자가 해명했다.

백리해는 원래 우나라 사람인데, 우나라의 군주 우공의 사람됨에 실망하여 진나라로 와서 목공을 만나 그를 보필해서 덕망이 있는 군주로 만들었다. 그러는 과정에서 일어난 일을 두고 호사가들이 백리해가 목공에게 벼슬을 얻기 위해서 더러운 짓을 했다는 것에 대해서 맹자가 그 과정을 설명하며 잘못된 속설이라고 해명한 것이다.

제10편

만장(萬章) 下

제1장

孟子曰 伯夷 目不視惡色 耳不聽惡聲 非其君不事 非其民
맹자왈 백이 목불시오색 이불청오성 비기군불사 비기민
不使 治則進 亂則退 橫政之所出 橫民之所止 不忍居也
불사 치즉진 난즉퇴 횡정지소출 횡민지소지 불인거야
思與鄕人處 如以朝衣朝冠坐於塗炭也 當紂之時 居北海
사여향인처 여이조의조관좌어도탄야 당주지시 거북해
之濱 以待天下之淸也 故聞伯夷之風者 頑夫廉 懦夫有立
지빈 이대천하지청야 고문백이지풍자 완부렴 나부유입
志 伊尹曰 何事非君 何使非民 治亦進 亂亦進 曰 天之生
지 이윤왈 하사비군 하사비민 치역진 난역진 왈 천지생
斯民也 使先知覺後知 使先覺覺後覺 予 天民之先覺者也
사민야 사선지각후지 사선각각후각 여 천민지선각자야
予將以此道覺此民也 思天下之民匹夫匹婦有不與被堯
여장이차도각차민야 사천하지민필부필부유불여피요
舜之澤者 若己推而內之溝中 其自任以天下之重也 柳下
순지택자 약기추이납지구중 기자임이천하지중야 유하
惠 不羞汙君 不辭小官 進不隱賢 必以其道 遺佚而不怨
혜 불수한군 불사소관 진불은현 필이기도 유일이불원
阨窮而不憫 與鄕人處 由由然不忍去也 爾爲爾 我爲我 雖
액궁이불민 여향인처 유유연불인거야 이위이 아위아 수

袒裼裸裎於我側 爾焉能浼我哉 故聞柳下惠之風者 鄙夫
단 석 라 정 어 아 측　이 언 능 매 아 재　고 문 유 하 혜 지 풍 자　비 부

寬 薄夫敦 孔子之去齊 接淅而行 去魯 曰 遲遲吾行也 去
관　박 부 돈　공 자 지 거 제　접 석 이 행　거 로　왈　지 지 오 행 야　거

父母國之道也 可以速而速 可以久而久 可以處而處 可以
부 모 국 지 도 야　가 이 속 이 속　가 이 구 이 구　가 이 처 이 처　가 이

仕而仕 孔子也 孟子曰 伯夷 聖之淸者也 伊尹 聖之任者
사 이 사　공 자 야　맹 자 왈　백 이　성 지 청 자 야　이 윤　성 지 임 자

也 柳下惠 聖之和者也 孔子 聖之時者也 孔子之謂集大成
야　유 하 혜　성 지 화 자 야　공 자　성 지 시 자 야　공 자 지 위 집 대 성

集大成也者 金聲而玉振之也 金聲也者 始條理也 玉振之
집 대 성 야 자　금 성 이 옥 진 지 야　금 성 야 자　시 조 리 야　옥 진 지

也者 終條理也 始條理者 智之事也 終條理者 聖之事也
야 자　종 조 리 야　시 조 리 자　지 지 사 야　종 조 리 자　성 지 사 야

智 譬則巧也 聖 譬則力也 由射於百步之外也 其至 爾力
지　비 즉 교 야　성　비 즉 역 야　유 사 어 백 보 지 외 야　기 지　이 력

也 其中 非爾力也
야　기 중　비 이 력 야

맹자가 말했다. "백이는 눈으로는 부정한 것을 보지 않았고, 귀로는 부정한 소리를 듣지 않았고, 자신에게 맞지 않는 임금이면 섬기지 아니했고, 자신이 바라는 백성이 아니면 다스리지 않았

다. 세상이 평온하면 관직에 나아가고, 세상이 혼란하면 물러났다. 방자한 정치를 하는 조정이나 방자한 백성들이 사는 곳에서는 견디지를 못했다. 예의를 모르는 사람들과 함께 있는 것을 마치 관복을 입고 시커먼 진흙에 앉는 것같이 생각했다. 주왕의 시대를 만나 북해의 변두리에 피해 살면서 천하가 태평해지기를 기다렸는데, 이런 백이의 기풍을 들으면 탐욕스런 사람도 청렴해졌고 나약한 사람도 지조를 갖게 되었다. 그러나 이윤은 '누구를 섬긴들 내 군주가 아니며, 누구를 다스린들 내 백성이 아니겠는가?'라고 하며, 세상이 평온할 때에도 다스리러 나가고, 세상이 혼란할 때에도 다스리러 나갔다. 그리고 '하늘이 백성을 냈을 때 먼 저 안 사람으로 하여금 뒤에 알게 될 사람을 깨치게 하고, 먼저 깨달은 사람으로 하여금 뒤에 깨닫게 될 사람을 깨치게 했다. 나는 하늘이 낸 백성 중에서 먼저 깨달은 사람이다. 나는 이 도리를 가지고 이 백성들을 깨치려고 한다.'고 말했다. 온 천하 백성 중에 한 남자 한 여자라도 요순의 은택을 입지 못한 사람이 있으면, 마치 자신이 그 사람을 구렁텅이에 밀어 넣은 것처럼 걱정했다. 그는 천하를 다스리는 중대한 일을 자신의 책임으로 생각했던 것이다. 유하혜는 오만한 군주를 섬기는 것을 부끄럽게 생각하지 않았고, 작은 벼슬도 사양하지 않았다. 벼슬에 나아가서는 자신의 재주를 숨기지 않았고, 반드시 정당한 도리로 일했으며, 버림을 받아도 원망하지 않았고, 곤궁해져도 걱정하지 않았다. 예의를 모르는 사람들과 함께 있어도 너그럽게 대했고, 차마 그 자리를 떠나지 못했으니, '너는 너고 나는 나다. 내 곁에서 벌거벗는 행동을 한들 네가 어찌 나를 더럽힐 수가 있겠는가?'라고 생각했던 것이다. 그래서 이러한 유하혜의 기풍을 들으면 속 좁은 사람도 너그럽게 되고, 박정한 사람도 후덕하게 되었던 것이다. 공자께서 제나라를 떠날 때는 밥을 지으려고 일어 놓았던 쌀을 건져갈 정도로 바삐 갔지만, 노나라를 떠날 때에는 '내 발걸음이 잘 떨어지지 않는다.'고 말하셨다. 그것은 부모의 나라를 떠나가는 도리였다. 빨리 떠나야 할 때는 빨리 떠나고, 오래 있어야 할 때는 오래 있으며, 머무를 만할 때는 머물고, 벼슬할 만할 때는 벼슬한 사람이 공자였다." 다시 맹자가 말했다. "백이는 성인으로서 청렴했던 사람이고, 이윤은 성인으로서 책임을 느끼는 사람이며, 유하혜는 성인으로서 조화로운 사람이고, 공자는 성인으로서 시기에 맞게 일하는 사람이다. 그래서 공자 같은 사람을 가리켜 집대성한 사람이라고 한다. 집대성한다는 것은 음악에 비유하면 종소리와 옥소리로 조화를 이룬 것과 같다. 종소리는 조리 있게 시작한다는 것이고, 옥 소리는 조리 있게 끝맺는다는 것이다. 조리 있게 시작하는 것은 지혜롭게 하는 일이고, 조리 있게 끝맺는다는 것은 성스럽게 하는 일이다. 지혜롭다는 것은 기교이고, 성스럽다는 것은 힘을 말한다. 이것은 백 걸음 떨어진 곳에서 활을 쏘는 것과 같아서, 표적까지 화살이 도달하게 하는 것은 힘이지만, 과녁을 명중하게 하는 것은 힘이 아닌 것과 같다."

[語釋]

*악색악성(惡色惡聲) : 惡은 不吉한 것으로, 좋지 않은 것이니 不正한 것이다.

*사(事) : 공경(恭敬), 즉 섬기다. *사(使) : 명령(命令). 다스리다. *진퇴(進退) : 정치에 나아감과 물러남. *횡정(橫政) : 橫은 방자(放恣)나 횡포(橫暴)를 말한다. 따라서 橫政은 법도를 지키지 않는 정치를 말한다. *완부(頑夫) : 우둔하고 이익만 탐내는 사람. *나부(懦夫) : 의지가 약하고 겁이 많은 사람. *유하혜(柳下惠) : 공자와 같은 시대에 살았던 현인(賢人). *일(佚) : 잃다. 없어지다. *액(阨) : 막히다. 곤궁하다. *유유연(由由然) : 너그러운 모양. *불인거야(不忍去也) : 차마 떠나지 못함. *단석라정(袒裼裸裎) : 袒은 소매를 걷다, 裼은 웃통을 벗다, 裸裎은 벌거숭이, 따라서 袒裼裸裎은 옷차림을 제대로 갖추지 않는 상태를 말한다. *매(浼) : 더럽히다. *비부(鄙夫) : 인색(吝嗇)한 사람, 즉 마음이 좁고 옹졸한 사람. *박부(薄夫) : 박정(薄情)한 사람. *접(接) : 여기에서는 '담가 놓은 쌀을 건지다, 받아들다' 또는 '담가 놓은 쌀을 건져서 말리는 것'의 뜻. *석(淅) : 쌀을 씻는 것을 말한다. *지지(遲遲) : 매우 더디다, 즉 발걸음이 잘 떨어지지 않는 것을 말한다. *시(時) : 여기에서는 마땅한 때에 행동하는 것을 말한다. *집대성(集大成) : 원래는 음악에서 사용되는 말로서 관현악의 대합주(大合奏)를 이루는 것을 말하며, 여기에서는 선성(先聖)의 대도(大道)를 종합하여 자신의 덕(德)을 이루는 것을 말한다. *금성(金聲) : 金은 쇠북 즉 종(鐘)의 일종, 聲은 소리를 낸다는 뜻으로, 따라서 金聲은 종소리이다. *옥진(玉振) : 玉은 경쇠를 말하며 일종의 타악기, 振은 소리를 거두어 들인다는 말, 따라서 玉振이란 경쇠를 울려 연주를 마무리한다는 뜻이다. *조리(條理) : 맥락(脈絡). 조화(調和). *기중(其中) : 中은 화살이 과녁에 맞는 것을 말한다.

[大意]

백이와 이윤과 유하혜와 공자, 당시의 성인으로 일컫는 이 네 사람의 덕을 상세하게 설명하고 비교해서, 그것으로 인하여 일어

나는 시비를 확연히 가름했다.

  네 사람은 모두가 성덕을 갖춘 훌륭한 인물이지만, 백이는 편협한 결벽증, 이윤은 성인으로서의 소지는 충분하지만 그것을 활용하여 결실을 맺기에는 부족한 경향이 있고, 유하혜는 폭이 넓지만 다소 경솔한 처신으로 인하여 군주들이 따를 만한 도리를 갖추지는 못했으니, 결국 이 세 사람의 미치지 못한 성덕을 집대성한 사람이 공자라고 했다. 그리고 이것을 음악의 연주와 활쏘기에 비유해서 결론을 맺었다.

제2장

北宮錡問曰 周室班爵祿也 如之何 孟子曰 其詳不可得聞
북궁기문왈 주실반작록야 여지하   맹자왈 기상불가득문

也 諸侯惡其害己也 而皆去其籍 然而軻也 嘗聞其略也 天
야 제후오기해기야 이개거기적 연이가야 상문기략야 천

子一位 公一位 侯一位 伯一位 子 男同一位 凡五等也 君
자일위 공일위 후일위 백일위 자 남동일위 범오등야 군

一位 卿一位 大夫一位 上士一位 中士一位 下士一位 凡
일위 경일위 대부일위 상사일위 중사일위 하사일위 범

六等 天子之制 地方千里 公侯皆方百里 伯七十里 子 男
육등 천자지제 지방천리 공후개방백리 백칠십리 자 남

五十里 凡四等 不能五十里 不達於天子 附於諸侯 曰附庸
오십리 범사등 불능오십리 불달어천자 부어제후 왈부용

天子之卿受地視侯 大夫受地視伯 元士受地視子 男 大國
천자지경수지시후 대부수지시백 원사수지시자 남 대국

地方百里 君十卿祿 卿祿四大夫 大夫倍上士 上士倍中士
지방백리 군십경록 경록사대부 대부배상사 상사배중사

中士倍下士 下士與庶人在官者同祿 祿足以代其耕也 次
중사배하사 하사여서인재관자동록 녹족이대기경야 차

國地方七十里 君十卿祿 卿祿三大夫 大夫倍上士 上士倍
국지방칠십리 군십경록 경록삼대부 대부배상사 상사배

> 中士 中士倍下士 下士與庶人在官者同祿 祿足以代其耕
> 중사 중사배하사 하사여서인재관자동록 녹족이대기경
> 也 小國地方五十里 君十卿祿 卿祿二大夫 大夫倍上士 上
> 야 소국지방오십리 군십경록 경록이대부 대부배상사 상
> 士倍中士 中士倍下士 下士與庶人在官者同祿 祿足以代
> 사배중사 중사배하사 하사여서인재관자동록 녹족이대
> 其耕也 耕者之所獲 一夫百畝 百畝之糞 上農夫食九人 上
> 기경야 경자지소획 일부백무 백무지분 상농부식구인 상
> 次食八人 中食七人 中次食六人 下食五人 庶人在官者 其
> 차식팔인 중식칠인 중차식륙인 하식오인 서인재관자 기
> 祿以是為差
> 록이시위차

북궁기가 물었다. "주나라 왕실의 관작과 봉록의 제도는 어떴습니까?" 맹자가 대답했다. "자세한 것은 알 수 없다. 제후들이 그 제도가 자기들에게 불리한 것이 싫어서 그 기록을 모두 없애 버렸기 때문이다. 그러나 나는 그 대체적인 내용은 들은 적이 있다. 천하에는 천자가 한 지위, 후가 한 지위, 백이 한 지위, 자와 남이 한 지위로 모두가 다섯 계급이다. 그리고 군주의 나라에서는 군이 한 지위, 경이 한 지위, 대부가 한 지위, 상사가 한 지위, 중사가 한 지위, 하사가 한 지위로 모두 여섯 계급이다. 봉록제도에 있어서 천자의 땅은 사방 천리, 공과 후는 사방 백리,

백은 사방 칠십 리, 자와 남은 사방 오십 리로 모두 네 등급이다. 오십 리가 되지 못하면 천자와는 관계를 맺지 못하고 제후에 부속되는데, 이를 부용이라고 했다. 천자의 경이 받는 땅은 후에 준하고, 대부는 백에 준하고, 상사가 받는 땅은 자와 남에 준한다. 큰 나라는 땅이 사방 백 리로, 그 군주의 봉록은 경의 열 배, 경의 봉록은 대부의 네 배, 대부는 상사의 두 배, 상사는 중사의 두 배, 중사는 하사의 두 배, 하사는 서민으로 관직에 있는 사람과 그 봉록이 같고, 그 봉록은 그가 직접 농사지어 얻는 것을 대신할 만했다. 그 다음의 나라는 땅이 사방 칠십 리로, 그 군주의 봉록은 경의 열 배, 경의 봉록은 대부의 세 배, 대부의 봉록은 상사의 두 배, 상사는 중사의 두 배, 중사는 하사의 두 배, 하사는 서민으로 관직에 있는 사람과 그 봉록이 같고, 그 봉록은 직접 농사지어 얻는 것을 대신할 만한 것이었다. 작은 나라는 땅이 사방 오십 리로, 그 군주의 봉록은 경의 열 배, 경은 대부의 두 배, 대부는 상사의 두 배, 상사는 중사의 두 배, 중사는 하사의 두 배, 하사는 서민으로 관직에 있는 사람과 그 봉록이 같고, 그 봉록은 직접 농사지어 얻는 것을 대신할 만했다. 농민의 소득은 한 사람 백 무를 받았는데, 수확하는 정도에 따라서 상 등급의 농부는 아홉 식구의 가족을 먹여 살리고, 그 다음 등급의 농부는 여덟 식구를 먹여 살리고, 중간 등급의 농부는 일곱 식구를 먹여 살리고, 그 다음 등급의 농부는 여섯 식구를 먹여 살리고, 하 등급의 농부는 다섯 식구를 먹여 살렸다. 서민으로 관리가 된 사람은 그 봉록을 농부의 소득을 기준해서 차등을 두었다."

[語釋]

*북궁기(北宮錡) : 위(衛)나라 사람. *반(班) : 석차(席次)를 정하다. 여기에서는 등급서열(等級序列)을 매기는 것. *여지하~(如之何~) : ~을 어떻게 하는가? *적(籍) : 작위(爵位)가 기록되어 있는 장부(帳簿), 즉 문헌(文獻). *가(軻) : 맹자의 이름. *불달어천자(不達於天子) : 천자(天子)에게 연계(連繫)하지 못한다는 말. *부용(附庸) : 대국(大國)에 부속된 보호국(保護國)을 말한다. *시(視) : 비하다. 준하다. *원사(元士) : 상사(上士). *십(十) : 열배를 말함. *백무지분(百畝之糞) : 백무(百畝)의 농지(農地)에 거름을 주어 농사짓는 것. *상(上) : 땅의 비옥(肥沃)한 정도를 말한다. *사구인(食九人) : 食(사)는 양육(養育)을 뜻하니, 아홉 식구를 먹여 살리는 것.

[大意]

주나라 왕실의 작위(爵位)와 봉록(俸祿)의 제도에 대해서 설명하면서, 작위와 봉록의 제도에 대해 기록한 문헌이 없는 것은 제후들의 옳지 못한 처사라고 비판했고, 낮은 관직에 있는 사람들과 농민들의 소득을 안정시켜야 한다는 것을 강조했다.

제3장

萬章問曰 敢問友 孟子曰 不挾長 不挾貴 不挾兄弟而友
만장문왈 감문우 맹자왈 불협장 불협귀 불협형제이우

友也者 友其德也 不可以有挾也 孟獻子 百乘之家也 有友
우야자 우기덕야 불가이유협야 맹헌자 백승지가야 유우

五人焉 樂正裘 牧仲 其三人 則予忘之矣 獻子之與此五人
오인언 요정구 목중 기삼인 즉여망지의 헌자지여차오인

者友也 無獻子之家者也 此五人者 亦有獻子之家 則不與
자우야 무헌자지가자야 차오인자 역유헌자지가 즉불여

之友矣 非惟百乘之家爲然也 雖小國之君亦有之 費惠公
지우의 비유백승지가위연야 수소국지군역유지 비혜공

曰 吾於子思 則師之矣 吾於顔般 則友之矣 王順 長息則
왈 오어자사 즉사지의 오어안반 즉우지의 왕순 장식즉

事我者也 非惟小國之君爲然也 雖大國之君亦有之 晉平
사아자야 비유소국지군위연야 수대국지군역유지 진평

公之於亥唐也 入云則入 坐云則坐 食云則食 雖疏食菜羹
공지어해당야 입운즉입 좌운즉좌 식운즉식 수소사채갱

未嘗不飽 蓋不敢不飽也 然終於此而已矣 弗與共天位也
미상불포 개불감불포야 연종어차이이의 불여공천위야

弗與治天職也 弗與食天祿也 士之尊賢者也 非王公之尊
불여치천직야 불여식천록야 사지존현자야 비왕공지존

> 賢也 舜尚見帝 帝館甥于貳室 亦饗舜 迭爲賓主 是天子而
> 현야 순상견제 제관생우이실 역향순 질위빈주 시천자이
> 友匹夫也 用下敬上 謂之貴貴 用上敬下 謂之尊賢 貴貴
> 우필부야 용하경상 위지귀귀 용상경하 위지존현 귀귀
> 尊賢 其義一也
> 존현 기의일야

만장이 물었다. "친구를 사귀는 것에 대해서 감히 묻겠습니다." 맹자가 대답했다. "자신의 나이가 많은 것을 개의하지 않고, 지위가 높다는 것을 개의하지 않으며, 자신의 형제 중에 권세가 있다는 것을 개의하지 않고 사귀어야 한다. 친구를 사귀는 것은 그 사람의 덕을 친구로 사귀는 것이니, 그 사이에 개재된 것이 있어서는 안 된다. 맹헌자는 백승의 가문 사람으로, 그에게는 다섯 명의 친구가 있었는데, 악정구와 목중 그리고 나머지 세 사람의 이름은 생각나지 않는다. 맹헌자는 이 다섯 사람들과 사귀는 데에 자신의 가문을 마음에 두지 않았기 때문이고, 그 다섯 사람들 또한 맹헌자의 가문을 마음에 두었다면 그와 친구가 되지 않았을 것이다. 백승의 가문의 사람만 그랬던 것이 아니고, 작은 나라의 군주 중에도 그렇게 한 실례가 있다. 비의 혜공은 '나는 자사를 스승으로 존경하고, 안반은 벗으로 대하며, 왕순과 장식은 나를 섬기는 사람들이다.'고 말했다. 작은 나라의 군주만 그랬던 것은 아니고, 큰 나라의 군주 중에도 그렇게 한 실례가 있다. 진나라의

평공은 해당을 대함에 있어서 그가 들어오라 하면 들어가고 앉으라고 하면 앉고 먹으라 하면 먹었다. 비록 거친 밥과 나물국이라도 배불리 먹지 않은 적이 없었으니, 그것은 배불리 먹을 수밖에 없었기 때문이다. 그러나 그것으로 그쳤을 따름이었고, 하늘이 준 지위를 함께 하지도 않았고, 하늘이 준 직분을 같이 수행하지도 않았으며, 하늘이 준 봉록을 같이 나누지도 않았다. 그것은 선비가 현자를 존경한 것일 뿐이고 왕공이 현자를 존경한 것은 아니었다. 순임금이 요임금을 뵈었을 때 요임금은 사위인 순임금에게 별궁에 묵게 했고, 또 향연을 베풀어 번갈아 손님이 되기도 하고 주인이 되기도 했으니, 그것은 천자로서 필부를 벗한 것이다. 아랫사람이 윗사람을 공경하는 것을 말해서 귀한 사람을 귀하게 여긴다고 하고, 윗사람이 아랫사람을 공경하는 것을 말해서 어진 사람을 존중한다고 한다. 귀한 사람을 귀하게 여기는 것과 어진 사람을 존중하는 것은 그 뜻이 같은 것이다."

[語釋]

*우(友) : 교우지도(交友之道). 친구를 사귀는 도리. *협(挾) : 끼워 넣는 것으로 '念頭에 두고'라는 뜻. 따라서 권력이나 금력을 교우관계(交友關係)에 개입시키는 것을 말한다. *장(長) : 연장자(年長者). 웃어른. *맹헌자(孟獻子) : 노(魯)나라의 현량(賢良)한 대부. *백승지가(百乘之家) : 제후(諸侯)의 가문. *악정구(樂正裘)·목중(牧仲) : 둘 다 뛰어난 현인(賢人). *비(費) : 노(魯)나라의 보호국. *비혜공(費惠公) : 비(費)의 군주(君主). *자사(子思) : 공자의 손자. *사(師) : 존경(尊敬). 스승으로 받들다. *우(友) : 정중(鄭重)하게 예의로 대한다는 말. *사아(事我) :

'나를 섬기다'의 뜻. *해당(亥唐) : 진(晉)나라의 현인(賢人). *채갱(菜羹) : 나물국. *상(尙) : 尙은 上이므로 여기에서는 순(舜)이 미천한 몸으로부터 승진한 것을 말함. *관생(館甥) : 館은 사관(舍館)으로 빈객(賓客)을 보러가는 것, 甥은 생질(甥姪)의 의미도 있으나, 사위(壻)의 뜻도 있다. 여기서는 사위의 뜻. *이실(貳室) : 부궁(副宮). *질(迭) : 서로 번갈아 드는 것으로, 손님도 되었다가 주인도 되는 것을 말한다. 갈마들다. *용(用) : ~로서. *귀귀(貴貴) : 귀한 것을 귀하게 여기다. 즉 앞의 貴는 동사(動詞)이고, 뒤의 貴는 귀함이라는 명사(名詞)이다.

[大意]

진정한 친구를 사귀는 도리에 대해서 말했다.

맹자는 '우야자 우기덕야(友也者 友其德也)'라고 하여 친구를 사귀는 것은 그 사람의 덕을 친구로 한다고 했다. 즉 참된 인격을 갈고 닦아서 교양과 덕망을 갖추어 사귀는 것이 진정한 교우관계의 도리라고 한 것이다.

제4장

萬章問曰 敢問交際何心也 孟子曰 恭也 曰 卻之卻之為不
만장문왈 감문교제하심야 맹자왈 공야 왈 극지극지위불

恭 何哉 曰 尊者賜之 曰 其所取之者 義乎 不義乎 而後受
공 하재 왈 존자사지 왈 기소취지자 의호 불의호 이후수

之 以是為不恭 故弗卻也 曰 請無以辭卻之 以心卻之 曰
지 이시위불공 고불극야 왈 청무이사극지 이심극지 왈

其取諸民之不義也 而以他辭無受 不可乎 曰 其交也以道
기취제민지불의야 이이타사무수 불가호 왈 기교야이도

其接也以禮 斯孔子受之矣 萬章曰 今有禦人於國門之外
기접야이예 사공자수지의 만장왈 금유어인어국문지외

者 其交也以道 其餽也以禮 斯可受禦與 曰 不可 康誥曰
자 기교야이도 기궤야이예 사가수어여 왈 불가 강고왈

殺越人于貨 閔不畏死 凡民罔不譈 是不待教而誅者也 殷
살월인우화 민불외사 범민망불대 시불대교이주자야 은

受夏 周受殷 所不辭也 於今為烈 如之何其受之 曰 今之
수하 주수은 소불사야 어금위열 여지하기수지 왈 금지

諸侯取之於民也 猶禦也 苟善其禮際矣 斯君子受之 敢問
제후취지어민야 유어야 구선기예제의 사군자수지 감문

何說也 曰 子以為有王者作 將比今之諸侯而誅之乎 其教
하설야 왈 자이위유왕자작 장비금지제후이주지호 기교

之不改而後誅之乎 夫謂非其有而取之者盜也 充類至義
지 불 개 이 후 주 지 호   부 위 비 기 유 이 취 지 자 도 야   충 류 지 의

之盡也 孔子之仕於魯也 魯人獵較 孔子亦獵較 獵較猶可
지 진 야 공 자 지 사 어 로 야   노 인 엽 교   공 자 역 엽 교 엽 교 유 가

而況受其賜乎 曰 然則孔子之仕也 非事道與 曰 事道也
이 황 수 기 사 호 왈 연 즉 공 자 지 사 야   비 사 도 여   왈 사 도 야

事道奚獵較也 曰 孔子先簿正祭器 不以四方之食供簿正
사 도 해 엽 교 야 왈 공 자 선 부 정 제 기   불 이 사 방 지 식 공 부 정

曰 奚不去也 曰 為之兆也 兆足以行矣 而不行 而後去 是
왈 해 불 거 야 왈 위 지 조 야 조 족 이 행 의   이 불 행   이 후 거 시

以未嘗有所終三年淹也 孔子有見行可之仕 有際可之仕
이 미 상 유 소 종 삼 년 엄 야   공 자 유 견 행 가 지 사   유 제 가 지 사

有公養之仕也 於季桓子 見行可之仕也 於衛靈公 際可之
유 공 양 지 사 야 어 계 환 자   견 행 가 지 사 야   어 위 령 공   제 가 지

仕也 於衛孝公 公養之仕也
사 야 어 위 효 공   공 양 지 사 야

  만장이 물었다. "예물을 갖추어 교제하는 것은 어떤 마음가짐입니까?" 맹자가 대답했다. "공경하기 때문이다." 만장이 물었다. "보내온 물건을 받지 않는 것을 공손하지 않다고 하는 것은 무엇 때문입니까?" 맹자가 대답했다. "존귀한 사람이 보낸 것인데, 그것이 의로운 것인가 의롭지 않은 것인가를 따져서 받는다면 공손

하지 못한 것이다. 그래서 물리치지 않는 것이다." 만장이 물었다. "그렇다면 말로는 물리치지 않고 마음으로 물리치며 '그것은 백성들에게서 옳지 않게 거둬들인 것이다.'고 생각하고, 다른 핑계를 대고 받지 않으면 안 됩니까?" 맹자가 대답했다. "그가 나와 사귀는 도리로 교제하고 예의를 갖추어 접대한다면, 그런 경우에는 공자 같은 사람도 받았을 것이다." 만장이 물었다. "지금 성문 밖에서 강도질을 하는 사람이 있는데, 그가 나와 사귀는 도리로 예의를 갖추어 선물을 보내면, 도둑질한 것을 받아도 됩니까?" 맹자가 대답했다. "안 된다. 〈강고(康誥)〉에 '사람을 죽이고 물건을 빼앗으면서도 감히 죽음을 두려워하지 않는 사람은 모든 백성이 비난한다.'고 했다. 이런 사람은 군주의 명령을 기다릴 것도 없이 죽여도 좋다. 은나라는 이러한 법을 하나라에게서 물려받았고 주나라는 은나라에게서 물려받았는데, 지금에 이르기까지 그 법은 시행되고 있다. 어떻게 그런 것을 받겠는가?" 만장이 물었다. "오늘의 제후들은 도둑질이나 다름없이 백성들로부터 재물을 착취하고 있는데, 그들이 예의를 갖추어 교제하면 군자라도 그것을 받는다고 하니, 그것은 어떻게 해명해야 합니까?" 맹자가 대답했다. "자네는 진정한 왕이 나타나면 그가 지금의 제후들을 잡아다가 모조리 죽일 것이라고 생각하는가? 아니면 교화시켜서 고쳐지지 않으면 죽인다고 보는가? 자신의 소유물이 아닌 것을 취하는 것을 모두 도둑질이라고 하는 것은 도리를 너무 극단적인 데까지 몰아서 적용한 것이다. 공자께서 노나라에서 벼슬을 하고 있을 때 노나라 사람들이 사냥 시합을 하자 공자도 사냥 시합을 했다.

그것이 괜찮다면 제후가 선물하는 것을 받은들 어떻겠는가?" 만장이 물었다. "그렇다면 공자께서 벼슬한 것은 도를 행하기 위해서 한 것이 아닙니까?" 맹자가 대답했다. "도를 행하기 위한 것이었다." 만장이 물었다. "도를 행하기 위한 것이었다면 어째서 사냥 시합을 할 수가 있습니까?" 맹자가 대답했다. "공자는 장부를 정리하여 제사에 쓸 그릇을 살피고 일정한 숫자를 정해서, 사방에서 얻은 진기한 제물은 장부에 적혀 있는 제기에 올리지 못하게 했다." 만장이 물었다. "공자께서는 어째서 그런 곳을 그만두고 떠나지 않으셨습니까?" 맹자가 대답했다. "도가 행해질 수 있는 기틀을 마련하려고 한 것이다. 그 기틀이 만들어지면 도가 행해질 것인데도 행해지지 않자 떠난 것이다. 이러했기 때문에, 삼 년이 되도록 한 나라에 머무른 일이 없었다. 공자는 도가 행해질 수 있으면 벼슬을 한 적이 있고, 예의에 맞게 대접을 받아서 벼슬을 한 적이 있으며, 군주가 어진 사람을 받들어서 벼슬을 한 적도 있다. 노나라의 계환자에게서는 도를 행할 수 있다고 생각해서 벼슬을 했고, 위나라의 영공에게서는 예우가 적절했기에 벼슬을 했으며, 위나라의 효공에게서는 군주가 어진 사람을 받들었기에 벼슬을 한 것이다."

[語釋]

*교야이도(交也以道) : 도리에 맞게 사귀는 것. *어(禦) : 앞의 유어(有禦)의 경우는 '武器를 들고 막아서는 사람을 해치고 소지품(所持品)을 뺏는 것'을 뜻하고, 뒤의 수어(受禦)의 경우는 뺏은 물건을 뜻한다. *강고(康誥) : 《書經》 '周書'의 한 편명

(篇名). *살월인(殺越人) : 에서 越은 於와 같아서 '~을'의 뜻으로 사람을 죽인다는 말. 또는 전월(顚越), 즉 죽여서 땅바닥에 뒹굴게 하는 것이라고도 함. *우(于) : 구하다. 가지다. *민(閔) : 여기에서는 나쁜 일을 자행(恣行)하는 것을 형용하는 의미로 씀. *망(罔) : 亡(무)와 통하고, '없다'의 뜻. *대(譈) : 원망(怨望)이나 증오(憎惡). 죽인다는 뜻도 있음. *부대교(不待敎) : 군주(君主)의 명(命), 즉 교명(敎命)을 기다리지 않고 처리하는 것을 말함. *불사(不辭) : 辭는 질문이나 논의로, 不辭는 논의할 것이 못됨을 이르는 말. *열(烈) : 분명함. 뚜렷함. *구(苟) : 다만. 단지. 만약. *비(比) : 모조리 정렬(整列)시킨다는 것으로, 일제히 다 함께 처리하는 것. *자(子) : 자네. 그대. 여기서는 만장(萬章)을 말함. *충류(充類) : 充은 확대(擴大), 유(類)는 유추(類推)하는 것. 따라서 充類는 확대해서 유추하는 것을 말한다. *지의지진(至義之盡) : 도리(道理)를 지극(至極)한 데까지 추리(推理)해 나가는 것. *엽교(獵較) : 較는 비교(比較), 따라서 사냥한 뒤에 잡은 사냥물들의 다소를 견주어보는 것. *여(與) : 여야(歟也). 어조사(語助辭)로 '그런가?'라는 의미가 있다. *부정제기(簿正祭器) : 장부(帳簿)를 만들어 종묘(宗廟)에 제사지낼 제기(祭器를) 정돈하여 놓되, 거기에 쓸 공물(供物)은 반드시 일상적으로 있는 것을 사용하고, 진귀한 것은 금(禁)한다.'는 말. *공부정(供簿正) : 장부에 정리해 놓은 제기(祭器)를 말함. *조(兆) : 복지조(卜之兆). 점괘(占卦)를 말하며, 따라서 일의 단서(端緖)나 징조(徵兆), 조짐(兆朕)을 뜻한다. 또는 처음이나 비롯된다는 뜻도 있다. *엄(淹) : 오래 머무는 것을 말한다. *견행가지사(見行可之仕) : 가히 군주가 도(道)를 행할 수 있을만한가를 보고서 벼슬하는 것. *제가지사(際可之仕) : 가히 군주의 태도가 예(禮)에 맞으므로 그에게서 벼슬하는 것을 말한다. *공양지사(公養之仕) : 군주가 현자(賢者)를 양성하려고 하는 올바른 경우에서의 벼슬살이를 말한다. *계환자(季桓子) : 노(魯)나라의 세도가 계씨(季氏)의 장노(長老). *위령공(衛靈

公) : 위(衛)나라의 군주로, 공자(孔子)가 위(衛)나라에 갔을 때 공자에게 노(魯)나라와 같은 녹(祿)을 주어 대접했다. *위효공(衛孝公) : 위령공(衛靈公)의 아들이라고 하지만 분명하지 않다.

[大意]
   대체적으로는 제자 만장이 스승인 맹자에게 교제에 있어서의 마음가짐과 그 도리에 묻고 있지만, 그러나 만장은 그것을 넘어서 항상 의를 강조하는 맹자가 당시 백성들을 가렴주구(苛斂誅求)하던 제후들의 예물을 받으며 그들과 교제하는 납득할 수 없는 태도를 비판하고 있다.

제5장

> 孟子曰 仕非為貧也 而有時乎為貧 娶妻非為養也 而有時
> 맹자왈 사비위빈야 이유시호위빈 취첩비위양야 이유시
>
> 乎為養 為貧者 辭尊居卑 辭富居貧 辭尊居卑 辭富居貧
> 호위양 위빈자 사존거비 사부거빈 사존거비 사부거빈
>
> 惡乎宜乎 抱關擊柝 孔子嘗為委吏矣 曰 會計當而已矣 嘗
> 오호의호 포관격탁 공자상위위리의 왈 회계당이이의 상
>
> 為乘田矣 曰 牛羊茁壯 長而已矣 位卑而言高 罪也 立乎
> 위승전의 왈 우양줄장 장이이의 위비이언고 죄야 입호
>
> 人之本朝 而道不行 恥也
> 인지본조 이도불행 치야

맹자가 말했다. "벼슬하는 것은 가난해서가 아니지만, 때로는 가난해서 벼슬을 하기도 한다. 아내를 맞는 것이 집안일을 시키기 위해서는 아니지만, 때로는 집안일을 시키기 위해서 아내를 맞기도 한다. 가난해서 벼슬하는 사람은 높은 자리를 사양하고 낮은 자리에 있어야 하며, 많은 봉록을 사양하고 적은 봉록에 만족해야 한다. 높은 자리를 사양하고 낮은 자리에 있으며, 많은 봉록을 사양하고 적은 봉록에 만족하려면 어떤 자리가 마땅한가? 문지기나 야경꾼 정도가 좋을 것이다. 공자께서는 일찍이 창고지기를 했는데, '회계를 잘 할 뿐이다.'고 했다. 또 승전이라는 직책을

맡은 일이 있는데, '소와 양이 무럭무럭 잘 자라게 할 뿐이다.'고 말했다. 낮은 자리에서 말이 많은 것은 죄송스러운 것이고, 조정의 윗자리에서 도를 행하지 못하는 것은 부끄러운 것이다."

[語釋]

*존비(尊卑) : 지위(地位)의 고하(高下)를 뜻함. *빈부(貧富) : 여기에서는 봉록(俸祿)이 많고 적음을 뜻한다. *오호의호(惡乎宜乎) : ~가 마땅하겠는가? *포관격탁(抱關擊柝) : 抱關은 문지기, 擊柝은 야간에 경비를 도는 것. *위리(委吏) : 委는 창고(倉庫)를 맡기는 것, 따라서 '창고지기'를 말한다. *승전(乘田) : 乘은 '다스리다, 헤아리다'의 뜻. 乘田은 목축(牧畜)을 맡은 직책(職責)을 말한다. *줄장(茁壯) : 살찌게 무럭무럭 자라는 것. *언고(言高) : 분수에 맞지 않게 마구 시비(是非)하는 것. *본조(本朝) : 자신이 섬기는 군주의 조정(朝廷), 또는 조정의 윗자리. 자신의 나라라는 뜻도 있음.

[大意]

벼슬을 하는 목적이 무엇인가?

첫째는 집안 형편상 식구들을 먹여 살리기 위한 방편으로 하는 경우이니, 지위가 낮고 한정될 수밖에 없어서 문지기나 야경꾼 같은 일을 하면서 그 직책에 충실하고 순종해야 하며 분수에 맞지 않게 정책 같은 것을 시비하며 망발을 해서는 안 된다는 것이고, 둘째는 큰 뜻을 품고 벼슬을 하는 경우라면 자신의 도리를 다하여 정도(正道)에 맞게 실천하라고 했다.

제6장

萬章曰 士之不託諸侯 何也 孟子曰 不敢也 諸侯失國 而
만장왈 사지불탁제후 하야 맹자왈 불감야 제후실국 이

後託於諸侯 禮也 士之託於諸侯 非禮也 萬章曰 君餽之粟
후탁어제후 예야 사지탁어제후 비예야 만장왈 군궤지속

則受之乎 曰 受之 受之何義也 曰 君之於氓也 固周之 曰
즉수지호 왈 수지 수지하의야 왈 군지어맹야 고주지 왈

周之則受 賜之則不受 何也 曰 不敢也 曰 敢問其不敢何
주지즉수 사지즉불수 하야 왈 불감야 왈 감문기불감하

也 曰 抱關擊柝者 皆有常職以食於上 無常職而賜於上者
야 왈 포관격탁자 개유상직이식어상 무상직이사어상자

以為不恭也 曰 君餽之 則受之 不識可常繼乎 曰 繆公之
이위불공야 왈 군궤지 즉수지 불식가상계호 왈 무공지

於子思也 亟問 亟餽鼎肉 子思不悅 於卒也 摽使者出諸大
어자사야 극문 극궤정육 자사불열 어졸야 표사자출제대

門之外 北面稽首再拜而不受 曰 今而後知君之犬馬畜伋
문지외 북면계수재배이불수 왈 금이후지군지견마축급

蓋自是臺無餽也 悅賢不能舉 又不能養也 可謂悅賢乎 曰
개자시대무궤야 열현불능거 우불능양야 가위열현호 왈

敢問國君欲養君子 如何斯可謂養矣 曰 以君命將之 再拜
감문국군욕양군자 여하사가위양의 왈 이군명장지 재배

> 稽首而受 其後廩人繼粟 庖人繼肉 不以君命將之 子思以
> 계수이수 기후름인계속 포인계육 불이군명장지 자사이
>
> 為鼎肉 使己僕僕爾亟拜也 非養君子之道也 堯之於舜也
> 위정육 사기복복이극배야 비양군자지도야 요지어순야
>
> 使其子九男事之 二女女焉 百官牛羊倉廩備 以養舜於畎
> 사기자구남사지 이녀여언 백관우양창름비 이양순어견
>
> 畝之中 後舉而加諸上位 故曰 王公之尊賢者也
> 무지중 후거이가제상위 고왈 왕공지존현자야

만장이 물었다. "선비가 제후에게 몸을 의탁하지 않는 것은 무슨 까닭입니까?" 맹자가 대답했다. "감히 그렇게 할 수 없기 때문이다. 제후가 자신의 나라를 잃어버린 뒤에 다른 제후한테 의탁하는 것은 예의에 어긋나지 않는 것이나, 선비가 제후한테 의탁하는 것은 예의에 맞지 않는다." 만장이 물었다. "군주가 곡식을 보내면 받아도 좋습니까?" 맹자가 대답했다. "받아도 좋다." 만장이 물었다. "받는 것은 무슨 까닭입니까?" 맹자가 대답했다. "군주가 백성을 구제해 주는 것은 본래 당연한 것이기 때문이다." 만장이 물었다. "구제해 주는 것은 받고, 하사하는 것을 받지 않는 까닭은 무엇 때문입니까?" 맹자가 대답했다. "감히 그렇게 하지 못하기 때문이다." 만장이 물었다. "감히 받지 못하는 것이 무엇 때문입니까?" 맹자가 대답했다. "문지기와 야경꾼에게는 일정한 직책이 있어서 군주로부터 봉록을 받지만, 일정한 직책이 없이 봉록을 받는 것은 공손하지 못하기 때문이다." 만장이 물었다. "군주가 구제하려고 주는 것은 받아도 좋다고 했는데, 그것을 계속해서 받아도 좋습니까?" 맹자가 대답했다. "목공은 사람을 시켜서 자사에게 자주 안부를 묻고는 삶은 고기를 보냈는데, 자사는 그것을 좋아하지 않았다. 나중에는 심부름 온 사람을 손짓해서 밖으로 내보내고는 북쪽을 향하여 머리를 숙여 두 번 절하고, '이제야 임금이 나를 개나 말같이 대한다는 것을 알았다.'고 하며 고기를 받지 않았다. 이 일이 있고 난 뒤에는 심부름하는 사람을 시켜 고기를 보내는 일이 없게 되었다. 어진 사람을 좋아하면서도 그를 등용해서 쓰지 않고, 또 그를 정당한 도리로 처우하지도 않는다면 어진 사람을 좋아한다고 말할 수 있겠는가?" 만장이 물었다. "군주가 군자를 봉양하려면 어떻게 해야 봉양한다고 할 수 있습니까?" 맹자가 대답했다. "처음에 군주가 시켜서 물건을 보내면, 두 번 절하고 머리를 숙여 받는다. 그 뒤에 창고지기는 계속해서 곡식을 보내고 푸줏간을 맡은 사람은 고기를 보내지만 군주가 시킨 것이라고 말하지 않는다. 자사는 삶은 고기 때문에 자주 머리를 숙인다고 생각한 것이지, 그것은 군자를 대하는 올바른 대우가 아니라고 생각한 것이다. 요임금은 순임금을 대할 때 그의 아홉 명의 아들을 시켜서 섬기게 했고 두 딸을 아내로 삼게 했으며, 많은 관리와 소와 양과 곡식 창고를 갖추어서 농사짓는 순임금을 봉양했고, 그 뒤에 그를 등용하여 자리를 내주었다. 그러므로 그렇게 하는 것이 왕공이 어진 사람을 존경하는 도리라고 생각한다."

[語釋]

*사(士) : 여기에서는 다른 나라에 가서 벼슬하지 않고 있는 선비를 말한다. *탁(託) : 기탁(寄託). 몸을 의탁(依託)해서 기식(寄食)하는 것으로, 벼슬하지 않으며 군주의 녹(祿)을 받는 것. *궤(饋) : 왕(王)이 먹을 것을 보내주는 것. *속(粟) : 오곡(五穀)을 총칭하는 말로, 여기에서는 곡식(穀食). *맹(氓) : 백성. 다른 나라에서 이주(移住)해온 백성. *周(주) : 구제(救濟). 두루 구원(救援)해 주는 것 *상(上) : 여기에서는 군주(君主)를 말한다. *정육(鼎肉) : 익힌 고기를 말하며, 다르게는 요리에 사용될 고기라는 말도 있다. *어졸(於卒) : 마지막에는. 마침내는. *표(摽) : 손짓하다. *계수재배(稽首再拜) : 稽首는 머리를 숙였다가 한참 뒤에 드는 예(禮)이고, 再拜의 拜는 두 손을 모아 가슴높이까지 올려다 대고 허리를 굽히는 것이다. *급(伋) : 자사(子思)의 이름이다. *대(臺) : 낮은 벼슬자리의 하나. 신분을 십등분(十等分)하여 그 최하급이 臺라고 한다. *사(斯) : 즉(則)과 같음. *장(將) : 行하다. 마땅히 ~하다. *름인(廩人) : 창고지기. *포인(庖人) : 주방장 또는 요리사. 여기에서는 푸줏간 사람. *복복이(僕僕爾) : 번거로운 모양.

[大意]

선비의 몸가짐과, 제후가 선비를 대하는 예의, 올바른 군신간의 도리에 대해서 말했다.

선비는 제후와 대등한 위치의 신분이 아니므로, 그 밑에서 녹을 받는 것은 당연하나 무조건 기식하는 것은 도리가 아니고, 제후는 마땅히 그 백성을 구원하는 것이 도리이므로 선비에게 베푸는 것이고 선비는 그것을 받드는 것이 예의이며, 군주가 선비에게 녹을 내릴 때에는 예의를 갖추어야 군주와 신하의 도리가 이루어진다고 했다.

 따라서 군주가 어진 선비를 대함에 있어서는 마땅히 그를 등용하여 그 직분에 맞는 봉록을 예의를 갖추어 내려야 한다고 결론지었다.

제7장

萬章曰 敢問不見諸侯 何義也 孟子曰 在國曰市井之臣 在
만장왈 감문불견제후 하의야 맹자왈 재국왈시정지신 재

野曰草莽之臣 皆謂庶人 庶人不傳質爲臣 不敢見於諸侯
야왈초망지신 개위서인 서인불전지위신 불감견어제후

禮也 萬章曰 庶人 召之役 則往役 君欲見之 召之 則不往
예야 만장왈 서인 소지역 즉왕역 군욕견지 소지 즉불왕

見之 何也 曰 往役 義也 往見 不義也 且君之欲見之也
견지 하야 왈 왕역 의야 왕견 불의야 차군지욕견지야

何爲也哉 曰 爲其多聞也 爲其賢也 曰 爲其多聞也 則天
하위야재 왈 위기다문야 위기현야 왈 위기다문야 즉천

子不召師 而況諸侯乎 爲其賢也 則吾未聞欲見賢而召之
자불소사 이황제후호 위기현야 즉오미문욕견현이소지

也 繆公亟見於子思 曰 古千乘之國以友士 何如 子思不悅
야 목공극견어자사 왈 고천승지국이우사 하여 자사불열

曰 古之人有言 曰事之云乎 豈曰友之云乎 子思之不悅也
왈 고지인유언 왈사지운호 기왈우지운호 자사지불열야

豈不曰 以位 則子 君也 我 臣也 何敢與君友也 以德 則子
기불왈 이위 즉자 군야 아 신야 하감여군우야 이덕 즉자

事我者也 奚可以與我友 千乘之君求與之友 而不可得也
사아자야 해가이여아우 천승지군구여지우 이불가득야

제10편 만장 하

而況可召與 齊景公田 招虞人以旌 不至 將殺之 志士不忘
이황가소여 제경공전 초우인이정 부지 장살지 지사불망

在溝壑 勇士不忘喪其元 孔子奚取焉 取非其招不往也 曰
재구학 용사불망상기원 공자해취언 취비기초불왕야 왈

敢問招虞人何以 曰 以皮冠 庶人以旃 士以旂 大夫以旌
감문초우인하이 왈 이피관 서인이전 사이기 대부이정

以大夫之招招虞人 虞人死不敢往 以士之招招庶人 庶人
이대부지초초우인 우인사불감왕 이사지초초서인 서인

豈敢往哉 況乎以不賢人之招招賢人乎 欲見賢人而不以
기감왕재 황호이불현인지초초현인호 욕견현인이불이

其道 猶欲其入而閉之門也 夫義 路也 禮 門也 惟君子能
기도 유욕기입이폐지문야 부의 로야 예 문야 유군자능

由是路 出入是門也 詩云 周道如砥 其直如矢 君子所履
유시로 출입시문야 시운 주도여저 기직여시 군자소리

小人所視 萬章曰 孔子 君命召 不俟駕而行 然則孔子非與
소인소시 만장왈 공자 군명소 불사가이행 연즉공자비여

曰 孔子當仕有官職 而以其官召之也
왈 공자당사유관직 이이기관소지야

만장이 물었다. "감히 여쭙니다. 제후를 만나지 않는 까닭이 무엇입니까?" 맹자가 대답했다. "도읍에 살고 있으면 시정의 신하라 하고, 시골에서 살고 있으면 초야의 신하라고 하는데, 이들은 모두가 서민이다. 서민은 예물을 바치고 정식으로 신하가 되지 않는 한 감히 제후를 만나지 않는 것이 예다." 만장이 물었다. "서민은 부역으로 부름을 받으면 가야 하는데, 군주가 만나고자 불러도 만나러 가지 않는 것은 무엇 때문입니까?" 맹자가 대답했다. "가서 부역하는 것은 맞지만 가서 만나는 것은 맞지 않다. 군주가 만나려고 하는 것이 무엇 때문이겠는가?" 만장이 말했다. "그것은 아는 것이 많고 현능하기 때문입니다." 맹자가 말했다. "아는 것이 많기 때문이라면 스승이라고 할 수 있는데, 천자라도 스승을 함부로 부르지 못하는데, 하물며 제후가 그렇게 할 수 있겠는가? 현능하기 때문이라면 나는 아직까지 현능한 사람을 만나려고 불렀다는 말은 들어보지 못했다. 노나라의 목공이 자주 자사를 만나서 '옛날에 천승의 나라의 부유한 군주가 선비를 친구로 사귀었다고 하는데, 그것은 어떻게 생각하십니까?'하고 물었더니, 자사는 불쾌하게 여기며 '옛날 사람의 말은 섬긴다는 것이지 어떻게 친구로 사귄다는 것입니까?'라고 말했다. 자사가 불쾌하게 생각한 것은 '지위로 따지면 당신은 군주고 나는 신하인데 어찌 감히 친구가 되겠으며, 덕으로 따지면 당신은 나를 섬기는 사람인데 어찌 나를 친구로 사귈 수가 있겠는가?'라는 까닭이 아니겠는가? 천승의 나라의 군주가 친구로 사귀려고 했지만 그렇게 되지 못했는데, 하물며 부를 수 있겠는가? 제나라의 경공이 사냥하러 가서 사냥터지기를 털이 달린 깃발로 신호해서 부르자, 그가 오지 않아 죽이려고 했는데, 공자께서 그 말을 듣고 '뜻 있는 선비는 곤경에 처하면 구렁텅이에 떨어질 것을 잊지 않고, 용기 있는 선비는 제 목숨을 잃는 것을 잊지 않는다.'고 했다. 공자는 이 중에서 무엇을 취했겠는가? 정당한 예의로 부르지 않은 것을 취한 것이다." 만장이 물었다. "사냥 터지기를 부르려면 어떻게 불러야 합니까?" 맹자가 대답했다. "가죽 모자로 신호를 해야 한다. 서민에게는 붉은 깃발로 신호를 하고, 선비에게는 용이 그려진 깃발로 신호를 하며, 대신에게는 깃털이 달린 깃발로 신호를 한다. 대신을 부르는 신호로 사냥터지기를 불렀기 때문에 사냥터지기는 감히 가지 못한 것이다. 선비를 부르는 신호로 서민을 부른다면 어찌 감히 갈 수가 있겠는가? 하물며 현능하지 않은 사람을 부르는 방법으로 현능한 사람을 부른다면 어찌 갈 수 있겠는가? 현능한 사람을 만나려고 하면서 거기에 맞는 정당한 방법으로 부르지 않는 것은 집에 들어오라고 하면서 문을 닫는 것과 같은 것이다. 의(義)는 길이고, 예(禮)는 문이다. 오직 군자만이 그 길로 가고, 그 문으로 드나들 수 있는 것이다. 《시경》에서 '주나라의 길은 숫돌 같고 그 곧기가 화살 같으니, 군자가 밟고 가는 길이고 소인이 본받는 길이다.'고 했다." 만장이 물었다. "공자께서는 군주가 부르면 수레를 기다리지도 않고 급히 가셨다고 하는데, 그렇다면 공자께서 잘못하신 것입니까?" 맹자가 대답했다. "공자께서 그렇게 한 것은 벼슬을 해서 관직에 있었고, 군주가 그 직책에 맞는 방법으로 불렀기 때문이다."

[語釋]
*국(國) : 도읍(都邑). 서울. *시정(市井) : 市는 사람들이 모여 교역(交易)하는

곳이고 井은 우물이니, 우물을 따라 마을을 만들고 市를 만드는 까닭에 市井이라 한다. *초망(草莽) : 풀. 여기에서는 야외(野外)를 말한다. *전지(傳質) : 군주를 만나러 갈 때 그 신분에 맞게 예물을 가지고 가는 것을 말한다. *기불일(豈不日) : 어찌 ~라 말하는 것이 아니겠는가? *전(田) : 전렵(田獵). 사냥. *우인(虞人) : 전렵지(田獵地)를 지키는 사람. 또는 사냥몰이꾼. *정(旌) : 여기에서는 사냥할 때 대부(大夫)를 부르는 깃발을 말하며, 새의 깃털을 깃대 끝에 단 것이다. *원(元) : 목이나 머리. 따라서 목숨을 비유한다. *피관(皮冠) : 사슴 가죽으로 만든 모자, 사냥할 때 쓴다. *전(旃) : 서인(庶人, 일반 사람)을 부를 때 쓰는 깃발. *기(旂) : 사냥터에서 선비를 부를 때 쓰는 깃발. *지(底) : 지(砥). 여석(礪石). 숫돌. 여기에서는 편평(扁平)한 것. *시(矢) : 화살. 여기에서는 곧은 것. *불사가(不俟駕) : 거마(車馬)나 수레를 준비할 겨를이 없을 정도로 급히 만나러 가는 것.

[大意]

앞 장에 이어 제후가 선비를 대하는 태도를 얘기하고 있다.

만장이 물었듯이 맹자는 여러 나라를 돌아다니면서도 먼저 제후를 찾아가 만나려고 하지 않았다. 그 까닭을 묻는 만장에게 맹자는 목공과 자사의 예를 들어, 군주와 어진 선비는 신분이 다르니 지위로는 군주가 위에 있지만, 덕으로 따지면 군주가 섬기는 어진 선비는 엄연히 스승의 위치에 있다고 했다. 부유한 나라의 군주도 어진 선비를 친구로 사귀려고 했지만 그렇게 되지 못했는데, 어떻게 군주가 부른다고 가서 무조건 만날 수 있느냐고 대답했다. 예의를 숭상하는 맹자가 자신의 사람됨을 의심하며 부르는 군주에게 고개를 숙일 수 없다는 말이다.

제8장

> 孟子謂萬章曰 一鄕之善士 斯友一鄕之善士 一國之善士
> 맹자위만장왈 일향지선사 사우일향지선사 일국지선사
> 斯友一國之善士 天下之善士 斯友天下之善士 以友天下
> 사우일국지선사 천하지선사 사우천하지선사 이우천하
> 之善士爲未足 又尙論古之人 頌其詩 讀其書 不知其人 可
> 지선사위미족 우상론고지인 송기시 독기서 부지기인 가
> 乎 是以論其世也 是尙友也
> 호 시이논기세야 시상우야

　맹자가 만장에게 말했다. "한 고을의 선한 선비는 그 고을의 선한 선비와 친구하고, 한 나라의 선한 선비는 그 나라의 선한 선비와 친구하며, 천하의 선한 선비는 천하의 선한 선비와 친구한다. 천하의 선한 선비와 친구해도 만족하지 못하면 옛날로 거슬러 올라가서, 옛 사람을 숭상하며 논한다. 그 사람들의 시를 외우고 그 사람들이 쓴 책을 읽고도 그들의 사람됨을 모른다면 말이 되겠는가? 그런 까닭으로 그 시대를 논하는 것이니, 이것이 곧 그들을 숭상하여 친구하는 것이다."

[語釋]

*사(斯) : 그런 즉.　*상론(尙論) : 尙은 上과 같다. 尙論은 숭상하여 논하는 것.

*송(頌) : 낭송(朗誦). 암송(暗誦). *상우(尙友) : 옛 인물을 숭상하여 벗으로 사귐.

[大意]

   선비는 우선 자신의 주변에 있는 어진 선비들과 친하고, 나아가 온 세상의 어진 선비들을 찾아서 덕을 쌓아야 한다. 그래도 부족하면 옛날의 훌륭한 인물들을 거울로 삼아야 한다는 말이다.

제9장

齊宣王問卿 孟子曰 王何卿之問也 王曰 卿不同乎 曰 不
제선왕문경 맹자왈 왕하경지문야 왕왈 경부동호 왈 부

同 有貴戚之卿 有異姓之卿 王曰 請問貴戚之卿 曰 君有
동 유귀척지경 유이성지경 왕왈 청문귀척지경 왈 군유

大過則諫 反覆之而不聽 則易位 王勃然變乎色 曰 王勿異
대과즉간 반복지이불청 즉역위 왕발연변호색 왈 왕물이

也 王問臣 臣不敢不以正對 王色定 然後請問異姓之卿 曰
야 왕문신 신불감불이정대 왕색정 연후청문이성지경 왈

君有過則諫 反覆之而不聽 則去
군유과즉간 반복지이불청 즉거

  제선왕이 경(卿)에 대해서 물으니, 맹자가 말했다. "왕께서는 어떤 경에 대해서 물으십니까?" 왕이 말했다. "경에도 다른 것이 있습니까?" 맹자가 말했다. "다른 것이 있습니다. 군주와 같은 성씨의 경도 있고, 성씨가 다른 경도 있습니다." 왕이 말했다. "성씨가 같은 경에 대해서 알고자 합니다." 맹자가 말했다. "성씨가 같은 경은 군주에게 잘못이 있으면 간언하는데, 여러 번 간언해도 듣지 않으면 군주를 바꿉니다." 왕이 발끈해서 얼굴빛이 변했다. 맹자가 말했다. "왕께서는 이상하게 생각지 마십시오. 왕께서 물으시기에 바른 대로 대답하지 않을 수 없었습니다." 왕이 얼굴빛이 안정되고 나서 성이 다른 경에 대해서 묻자, 맹자가 대답했다. "성씨가 다른 경은 큰 잘못이 있으면 간언하는데, 여러 번 간언해도 듣지 않으면 그 나라를 떠나가 버립니다."

[語釋]

*귀척지경(貴戚之卿) : 나라의 군주와 동성(同姓)이면서 친척 관계에 있는 경(卿)을 말한다. *이성지경(異姓之卿) : 나라의 군주와 성이 다른 경으로, 군주와 아무런 연고 관계가 없는 경을 말한다. *대과(大過) : 나라를 망칠만큼의 큰 잘못. *역위(易位) : 임금의 자리를 바꾼다는 것이니, 곧 임금의 자리에서 쫓아낸다는 말. 그러나 여기에서는 종친(宗親) 가운데 현명한 사람을 군주로 세운다는 뜻이다. *발연(浡然) : 얼굴빛이 변하며 성내는 모습. *색정(色定) : 변했던 얼굴빛이 다시 제 빛으로 돌아옴.

[大意]

맹자는 경을 군주와 성씨가 같은 경과 성씨가 다른 경으로 나누어서 그 차이를 설명했는데, 군주와 성씨가 같고 친척인 경우의 경은 그 군주가 크게 잘못하면 힘을 다하여 간언해서 바로잡아야 하고, 그래도 잘못이 계속되면 그 군주를 몰아내고 혈족 중에서 어진 사람을 골라서 군주의 자리에 올려 앉히며, 군주와 친척 관계도 아닌 성씨가 다른 경은 이와 같은 경우에 간언하다가 실망하면 그 나라와 군주를 버리고 떠날 수밖에 없다고 했다.

군주는 덕으로 나라를 다스리는 것이니, 덕을 잃고 실정(失政)을 거듭하게 되면 이미 군주의 자격을 잃었다고 할 수 있는 것이다.

제11편

고자(告子) 上

제1장

告子曰 性 猶杞柳也 義 猶桮棬也 以人性爲仁義 猶以杞
고자왈 성 유기류야 의 유배권야 이인성위인의 유이기

柳爲桮棬 孟子曰 子能順杞柳之性而以爲桮棬乎 將戕賊
류위배권 맹자왈 자능순기류지성이이위배권호 장장적

杞柳而後以爲桮棬也 如將戕賊杞柳而以爲桮棬 則亦將
기류이후이위배권야 여장장적기류이이위배권 즉역장

戕賊人以爲仁義與 率天下之人而禍仁義者 必子之言夫
장적인이위인의여 솔천하지인이화인의자 필자지언부

고자가 말했다. "사람의 본성은 버드나무와 같고, 의는 버드나무로 만든 그릇과 같으니, 사람이 그 본성으로 인의를 행하는 것은 버드나무로 그릇을 만드는 것과 같다." 맹자가 말했다. "그대는 버드나무의 본성을 따라서 버드나무 그릇을 만드는가? 아니면 버드나무의 본성을 거슬러서 그릇을 만드는가? 버드나무의 본성을 거슬러서 그릇을 만든다면, 사람의 본성을 거슬러서 인의를 행한다는 것이 아닌가? 그대의 말은 세상 사람들을 인의를 해치게끔 인도할 것이다."

[語釋]

*고자(告子) : 맹자와 같은 시대 사람으로, 맹자의 논적(論敵)이었다. *기류(杞柳)

: 杞는 갯버들, 따라서 杞柳는 냇가에 나는 일종의 버드나무이다. *배권(桮棬)
: 桮는 술잔, 棬은 나무 그릇, 따라서 桮棬은 버드나무를 구부려 만든 그릇이다.
*성(性) : 여기에서의 性은 《중용(中庸)》의 천명지위성(天命之謂性)의 性으로, 이
는 사람이 하늘로부터 받은 천명(天命)을 말한다. 또 사단(四端)으로 표현되는
이치의 뿌리를 말하지만, 같은 것을 다르게 표현한 것이다. *순(順) : 여기에서는
'버들 본래의 성질을 손상시키지 않고'라는 뜻. *장(將) : 마땅히 ~하여야 하다.
*장적(戕賊) : 손상(損傷)시키다. *인(人) : 여기에서는 사람의 본성(本性)을 말함.
*여자(與者) : 여(歟)와 같아서, 어조사로 '그런가?'의 뜻. *솔(率) : 인도(引導)하다.
이끌다.

[大意]

고자는 사람의 본성을 버드나무로 버드나무그릇을 만드는 것
처럼 단순하게 생각했다. 본성 자체가 도덕적이거나 비도덕적인
것이 아니고 인위적인 교화에 의해서 도덕적이거나 비도덕적으로
만들어지는 것이라고 생각한 것이다.
 이것에 비해서 맹자는 버드나무그릇을 만들 때 마음대로 휘고
꺾어서 만드는 것처럼 사람의 본성 그 자체를 무시해서는 안 된다
고 주장했다. 본성을 무시한 작위적인 도덕성은 사람의 본성 자체
가 선한 것을 방해하는 결과를 낳게 된다는 것이다.

제2장

> 告子曰 性猶湍水也 決諸東方則東流 決諸西方則西流 人
> 고자왈 성유단수야 결제동방즉동류 결제서방즉서류 인
> 性之無分於善不善也 猶水之無分於東西也 孟子曰 水信
> 성지무분어선불선야 유수지무분어동서야 맹자왈 수신
> 無分於東西 無分於上下乎 人性之善也 猶水之就下也 人
> 무분어동서 무분어상하호 인성지선야 유수지취하야 인
> 無有不善 水無有不下 今夫水 搏而躍之 可使過顙 激而行
> 무유불선 수무유불하 금부수 박이약지 가사과상 격이행
> 之 可使在山 是豈水之性哉 其勢則然也 人之可使為不善
> 지 가사재산 시개수지성재 기세즉연야 인지가사위불선
> 其性亦猶是也
> 기성역유시야

고자가 말했다. "사람의 본성은 소용돌이치며 흐르는 물과 같아서, 동쪽으로 트이면 동쪽으로 흐르고, 서쪽으로 트이면 서쪽으로 흐른다. 사람의 본성에 선함과 선하지 않은 구분이 없는 것은 물에 동쪽과 서쪽의 구분이 없는 것과 같다." 맹자가 말했다. "물에는 정말 동서의 구분이 없지만, 어찌 상하의 구분도 없겠는가? 사람의 본성이 선한 것은 물이 아래로 흘러 내려가는 것과 같으니, 선하지 않은 사람은 없고, 낮은 곳으로 흐르지 않는 물은

없다. 물을 손으로 쳐서 사람의 이마 위로 튀어 오르게 할 수가 있고, 또 아래를 막아 역류하게 하면 산위로도 올라가게 할 수가 있다. 그러나 그것이 어찌 물의 본성이겠는가? 외부의 힘을 가하여 그렇게 되는 것이다. 사람이 선하지 않은 일을 하는 것은 그 본성 또한 이와 같이 외부로부터 영향을 받기 때문이다."

[語釋]
*단수(湍水) : 湍은 여울이나 소용돌이로, 湍水는 방향을 정하지 않고 한 군데서 소용돌이쳐 돌고 있는 물을 말한다. *결(決) : 트다. 흐르게 하다. *분(分) : 여기에서는 구분(區分)이 없다는 말. *박(搏) : 치다. *약지(躍之) : 여기에서 之는 水를 가리키는 지시대명사로, 물을 손으로 쳐서 뛰어 오르게 한다는 말. *상(顙) : '이마 또는 머리꼭대기'를 말함. *격이행지(激而行之) : 激은 보(洑)와 같아서 물살이 센 하류를 돌이나 흙으로 막아서 물을 가두는 것으로, 激而行之는 그렇게 막은 물이 역류하게 하는 것을 말함.

[大意]
고자는 사람의 본성 자체는 착하거나 악하다는 경향이 없다고 생각했다. 따라서 사람의 도덕적인 행위는 후천적인 것으로 인위적인 교화에 의해서 변하는 것이라고 보았다.

맹자는 고자의 이러한 주장을 자신의 성선설로 반박했다. 사람의 본성은 아래로 흐르는 물과 같아서 선하며, 사람의 도덕성도 그런 성질을 나타내는 결과라는 본 것이다.

제3장

> 告子曰 生之謂性 孟子曰 生之謂性也 猶白之謂白與 曰
> 고자왈 생지위성 맹자왈 생지위성야 유백지위백여 왈
> 然 白羽之白也 猶白雪之白 白雪之白 猶白玉之白與 曰
> 연 백우지백야 유백설지백 백설지백 유백옥지백여 왈
> 然 然則犬之性 猶牛之性 牛之性 猶人之性與
> 연 연즉견지성 유우지성 우지성 유인지성여

고자가 말했다. "생긴 그대로를 가리켜서 곧 본성이라고 한다." 맹자가 물었다. "생긴 그대로를 가리켜서 곧 본성이라고 하는 것은 흰 것을 희다고 말하는 것과 같은 것인가?" 고자가 대답했다. "그렇다." 맹자가 물었다. "그렇다고 하면, 흰 깃털의 흰 것과 흰 눈의 흰 것이 같고, 흰 눈의 흰 것과 흰 옥의 흰 것은 같은 것인가?" 고자가 대답했다. "그렇다." 맹자가 물었다. "그렇다면 개의 본성은 소의 본성과 같고, 소의 본성은 사람의 본성과 같은 것인가?"

[語釋]
*생지위성(生之謂性) : 생긴 그대로가 본성(本性)이라는 말. *유~여?(猶~與?) : 마치 ~와 같은가?

[大意]

고자의 성론(性論)에 대한 정의(定義)와 맹자의 성론에 대한 정의가 대립하고 있는 장이다.

사람의 본성 자체가 선하거나 악하다고 할 것이 없다는 고자의 말에, 맹자는 사람의 본성은 동물과는 달라서 생리적인 것이 아니라 사람만이 가지고 있는 유일한 것이고 선한 것이라고 말했다.

제4장

> 告子曰 食色 性也 仁 內也 非外也 義 外也 非內也 孟子曰
> 何以謂仁內義外也 曰 彼長而我長之 非有長於我也 猶彼
> 白而我白之 從其白於外也 故謂之外也 曰 異於白馬之白
> 也 無以異於白人之白也 不識長馬之長也 無以異於長人
> 之長與 且謂長者義乎 長之者義乎 曰 吾弟則愛之 秦人之
> 弟則不愛也 是以我為悅者也 故謂之內 長楚人之長 亦長
> 吾之長 是以長為悅者也 故謂之外也 曰 耆秦人之炙 無以
> 異於耆吾炙 夫物則亦有然者也 然則耆炙亦有外與

고자가 말했다. "식욕과 성욕은 인간의 본성이며, 인은 내재적인 것이지 외재적인 것이 아니고, 의는 외재적인 것이지 내재적인 것이 아니다." 맹자가 말했다. "무엇 때문에 인은 내재적인 것이고 의는 외재적인 것이라고 하는가?" 고자가 말했다. "그 사람이 나이가 많아서 내가 연장자로 받드는 것이지, 내가 나이가 많은 것은 아니기 때문이다. 마치 그것이 하얗기 때문에 내가 그것을 희다고 하는 것과 같으니, 그것은 흰빛이 외부에 있어서 내가 인식하는 것이므로 외재적이라고 하는 것이다." 맹자가 말했다. "흰말을 희다고 하는 것은 흰 사람을 희다고 하는 것과 다를 것이 없으니, 모르겠지만 나이가 많은 말을 나이 들었다고 하는 것과, 나이가 많은 사람을 나이가 많다고 하는 것은 다르지 않겠는가? 또 나이가 많은 것을 의(義)라고 하겠는가, 나이가 많은 사람을 받드는 것을 의라고 하겠는가?" 고자가 말했다. "내가 내 동생은 사랑하지만, 진나라 사람의 동생은 사랑하지 않는다. 이것은 사랑하는 마음이 내 안에서 나왔기 때문이다. 그러므로 인(仁)은 내재적이다. 또 내가 초나라의 나이 많은 사람도 연장자로 받들고, 또 내 집안의 나이 많은 사람도 연장자로 받드는데, 그 것은 받든다는 것이 나이가 많다는 것에서 나왔기 때문이다. 그러므로 의는 외재적이다." 맹자가 말했다. "진나라 사람이 구운 고기를 즐겨먹는 것은 내가 구운 고기를 즐겨먹는 것과 다르지 않다. 대체로 물건의 경우에도 그러한 것이다. 그렇다면 구운 고기를 즐기는 것도 외재적인 것인가?"

[語釋]

*식색(食色) : 식욕(食慾)과 색욕(色慾). *위지외(謂之外) : 자신의 동생을 더 사랑하는 감정은 형제이기에 자연발생적으로 내재된 감정이고, 나이 많은 이를 공경하

는 것은 사회적 규범에 따른 것으로 따라서 외적(外的)이라는 말. *기자(耆炙)
: 자(炙)는 구운 고기, 따라서 耆炙는 기자(嗜炙)로 구운 고기를 좋아하는 것.

[大意]

고자는 앞에서 성은 생지위성(生之謂性)이라고 하여 태어나면서부터 자연적인 본능에 의한 것이라고 했는데, 그 분류를 내적인 것과 외적인 것으로 나누어 주장하고 있다. 맹자는 인의(仁義)가 본성(本性)에 있다는 성선설(性善說)의 입장에서 형제를 사랑하는 마음이나 나이 많은 이를 공경하는 것은 다 같이 본성에 기인하는 것이지, 외적인 규범에 따라 생기는 것은 아니라고 논박했다. 성(性)은 본래부터 선한 것이므로, 모든 행동이 시작되는 그 바탕에는 마땅히 선이 근거한다는 말이다.

제5장

> 孟季子問公都子曰 何以謂義內也 曰 行吾敬 故謂之內也
> 맹계자문공도자왈 하이위의내야 왈 행오경 고위지내야
>
> 鄉人長於伯兄一歲 則誰敬 曰 敬兄 酌則誰先 曰 先酌鄉
> 향인장어백형일세 즉수경 왈 경형 작즉수선 왈 선작향
>
> 人 所敬在此 所長在彼 果在外 非由內也 公都子不能答
> 인 소경재차 소장재피 과재외 비유내야 공도자불능답
>
> 以告孟子 孟子曰 敬叔父乎 敬弟乎 彼將曰 敬叔父 曰 弟
> 이고맹자 맹자왈 경숙부호 경제호 피장왈 경숙부 왈 제
>
> 為尸 則誰敬 彼將曰 敬弟 子曰 惡在其敬叔父也 彼將曰
> 위시 즉수경 피장왈 경제 자왈 악재기경숙부야 피장왈
>
> 在位故也 子亦曰 在位故也 庸敬在兄 斯須之敬在鄉人 季
> 재위고야 자역왈 재위고야 용경재형 사수지경재향인 계
>
> 子聞之曰 敬叔父則敬 敬弟則敬 果在外 非由內也 公都子
> 자문지왈 경숙부즉경 경제즉경 과재외 비유내야 공도자
>
> 曰 冬日則飲湯 夏日則飲水 然則飲食亦在外也
> 왈 동일즉음탕 하일즉음수 연즉음식역재외야

맹계자가 공도자에게 물었다. "어째서 의를 내재적인 것이라고 하오?" 공도자가 대답했다. "내가 가지고 있는 공경심을 행하는 것이기 때문에 내재적인 것이라고 하오." 맹계자가 물었다. "마을

사람이 자신의 맏형보다 한 살 더 많으면 누구를 공경하겠소?" 공도자가 대답했다. "자신의 큰형을 공경할 것이오." 맹계자가 물었다. "술을 따른다면 누구한테 먼저 따르겠소?" 공도자가 대답했다. "마을 사람한테 먼저 따를 것이오." 맹계자가 말했다. "공경해야 될 사람은 여기 있고, 연장자로 받들 사람은 저기 있으니, 과연 의는 외재적인 것이지 내재적인 것은 아니로군." 공도자가 대답을 못하고 맹자에게 묻자, 맹자가 말했다. "그에게 숙부를 공경하는지 동생을 공경하는지 물으면, 그 사람은 숙부를 공경한다고 대답할 것이다. 또 그의 동생이 시동으로 있다면 누구를 공경하겠느냐고 물으면, 그 사람은 동생을 공경한다고 할 것이다. 다시 그대가 어째서 숙부보다 동생을 공경하느냐고 물으면, 그 사람은 동생이 시동의 자리에 있기 때문이라고 할 것이다. 그러면 자네는 평소에 공경하는 사람은 형이지만, 마을 사람이 손님이었기 때문에 일시적으로 공경한 것이라고 말하라." 맹계자가 그 말을 듣고 말했다. "숙부를 공경해야 될 때에는 숙부를 공경하고, 동생을 공경해야 될 때에는 동생을 공경한다면, 의는 외재적인 것이지 내재적인 것이 아니군." 그러자 공도자가 말했다. "겨울에는 뜨거운 물을 마시고 여름에는 냉수를 마시는데, 그렇다면 마시고 먹는 것도 외재적인 것이로군."

[語釋]

*맹계자(孟季子) : 孟季子에 대해서는 季子라고만 되어 있고 孟이라는 글자가 없어 孟季子라고 한 것은 연문(衍文)이라고 함. 《주자(朱子)》에는 맹자의 종씨(從氏)

인 맹중자(孟仲子)의 동생이라고도 함. 문맥(文脈)으로 볼 때 고자(告子)와 같은 파(派)의 군소 사상가(思想家)나 변론가(辯論家). *공도자(公都子) : 맹자의 제자. *백형(伯兄) : 맏형. *작(酌) : 작주(酌酒), 즉 술을 따르는 것을 말하며, 고대 중국의 사회에서 향음주(鄕飮酒)의 예(禮)라고 하여 마을의 선비 계급 중에서 빈객(賓客)으로 기혼자(旣婚者)를 모아 연회를 베풀고 나이 순서대로 술잔을 돌리는 것을 말한다. *시(尸) : 시동(尸童), 즉 제사(祭祀)지낼 때 돌아가신 조상(祖上) 대신 신위(神位)에 나아가는 것을 말하며, 대개는 소년(少年)이 한다. *오(惡) : 여기에서는 '어찌, 어떻게'의 뜻. *용(庸) : 늘. 언제나. *사수(斯須) : 잠시. 잠깐.

[大意]

고자와 같은 군소 사상가의 한 사람인 맹계자가 주장하는 의(義)와 그것을 논박하는 맹자의 제자 공도자의 대화가 오고갔다.

고자는 향음주례에서 연장자에게 먼저 술을 따르는 것은 외적인 조건에서 발생되는 일이니, 의는 외적인 것에서 결정되는 것이라고 했다. 그러나 맹자는 공경하는 것은 상대방의 일시적인 지위에 따라 변하는 것이므로, 의를 외재적인 것이라고 단정할 수 없다고 말한다. 즉 일시적인 공경심이라도 본래의 도덕성에서 나올 수밖에 없다는 것이다.

제6장

公都子曰 告子曰 性無善無不善也 或曰 性可以爲善 可以
공도자왈 고자왈 성무선무불선야 혹왈 성가이위선 가이

爲不善 是故文武興 則民好善 幽厲興 則民好暴 或曰 有
위불선 시고문무흥 즉민호선 유려흥 즉민호폭 혹왈 유

性善 有性不善 是故以堯爲君而有象 以瞽瞍爲父而有舜
성선 유성불선 시고이요위군이유상 이고수위부이유순

以紂爲兄之子且以爲君 而有微子啟 王子比干 今曰 性善
이주위형지자차이위군 이유미자계 왕자비간 금왈 성선

然則彼皆非與 孟子曰 乃若其情 則可以爲善矣 乃所謂善
연즉피개비여 맹자왈 내약기정 즉가이위선의 내소위선

也 若夫爲不善 非才之罪也 惻隱之心 人皆有之 羞惡之心
야 약부위불선 비재지죄야 측은지심 인개유지 수악지심

人皆有之 恭敬之心 人皆有之 是非之心 人皆有之 惻隱之
인개유지 공경지심 인개유지 시비지심 인개유지 측은지

心 仁也 羞惡之心 義也 恭敬之心 禮也 是非之心 智也
심 인야 수악지심 의야 공경지심 예야 시비지심 지야

仁義禮智 非由外鑠我也 我固有之也 弗思耳矣 故曰 求則
인의예지 비유외삭아야 아고유지야 불사이의 고왈 구즉

得之 舍則失之 或相倍蓰而無算者 不能盡其才者也 詩曰
득지 사즉실지 혹상배사이무산자 불능진기재자야 시왈

> 天生蒸民 有物有則 民之秉夷 好是懿德 孔子曰 爲此詩者
> 천생증민 유물유즉 민지병이 호시의덕 공자왈 위차시자
>
> 其知道乎 故有物必有則 民之秉夷也 故好是懿德
> 기지도호 고유물필유즉 민지병이야 고호시의덕

    공도자가 말했다. "고자는 '사람의 본성은 선한 것도 아니고 선하지 않은 것도 아니다.'고 하고, 어떤 사람은 '본성이란 선하게 될 수도 있고 선하지 않게 될 수도 있다. 그래서 문왕과 무왕이 왕이 되었을 때는 백성들이 선한 것을 좋아했고, 유왕과 여왕이 왕이 되었을 때는 백성들이 포악한 것을 좋아했다.'고 말했습니다. 또 어떤 사람은 '본성이 선한 사람도 있고 선하지 않는 사람도 있다. 그래서 어진 요가 임금으로 있어도 나쁜 상과 같은 사람이 있었는가 하면, 고수를 아비로 두었으면서도 어진 순임금이 나왔고, 주가 조카이자 임금이면서도 미자계와 왕자 비간이 있었다.'고 말합니다. 이제 선생님께서는 '본성은 선하다.'고 하시는데, 그러면 그들이 한 말은 모두 틀린 것입니까?" 맹자가 말했다. "사람은 타고난 본성 그대로 따르면 누구나 선하게 될 수가 있다. 그래서 내가 말하는 본성은 선하다고 하는 것이다. 비록 선하지 않게 된다고 해도 그것은 본바탕이 선하지 않은 탓이 아니다. 남을 측은하게 여기는 마음은 사람이라면 누구나 가지고 있고, 부끄러워하는 마음도 사람이면 누구나 가지고 있으며, 공경하는 마음도 사람이면 누구나 가지고 있고, 시비를 가리는 마음도 사람

이면 누구나 가지고 있다. 남을 측은하게 여기는 마음은 인이고, 부끄러워하는 마음은 의이며, 공경하는 마음은 예이고, 시비를 가리는 마음은 지이다. 이런 인의예지(仁義禮智)는 밖에서 내게 준 것이 아니고, 내가 본래부터 가지고 있는 것이다. 다만 사람들이 이를 깨닫지 못하고 있을 뿐이다. 그래서 '구하면 얻을 수 있지만 버리면 잃는다.'는 말이 있다. 같은 사람이면서도 선악의 차이가 두 배가 되고 다섯 배가 되어 비교할 수조차 없는 것은 자신이 본래 타고난 바탕을 온전히 실현하지 못하기 때문이다. 《시경》에서 '하늘이 백성을 내시니 사물이 있으면 그 법칙이 있고, 백성은 올바른 본성을 지녀서 아름다운 덕을 좋아한다.'고 했다. 공자께서는 '이 시를 지은 사람은 도를 잘 아는 사람이로다! 사물에는 반드시 그 사물의 법칙이 있고, 백성은 본성을 지니고 있어서, 이 아름다운 덕을 좋아하는 것이다.'고 하셨다."

[語釋]

*문왕(文王) : 주(周)나라의 서백(西伯). 인덕을 쌓아서 많은 사람들의 감복을 받았다고 함. *무왕(武王) : 문왕의 아들. 은(殷)나라의 주왕(紂王)을 정벌하고 주(周)의 천자(天子)가 되었음. *유왕(幽王) : 주(周)나라의 12대 군주. 어리석고 여색(女色)에 빠져 정사를 돌보지 않다가 대륭(大戎)의 침입으로 멸망함. *여왕(厲王) : 주(周)나라의 10대 군주로 포악했음. *미자계(微子啓) : 여기에서는 주(紂)왕의 삼촌이나, 《史記(사기)》에는 주왕의 서형(庶兄)으로 나온다. *비간(比干) : 《사기(史記)》에는 주왕의 친척으로 나오지만, 《서경(書經)》에 微子는 주왕의 서형이고, 태사(太師) 기자(箕子)와 소사(小師) 비간은 주왕의 숙부로 나온다. 이 셋을 공자(孔子)는 은말

(殷末) 삼인(三仁)이라고 했다. *내약(乃若) : 비록 그렇다 할지라도. *재(才) : 재질(材質). 사람에게 성(性)이 있으므로 才가 있다는 말이니 才는 재성(才性)이다. *삭(鑠) : 녹이다. *~이의(~耳矣) : 이의(爾矣). ~할 뿐이다. ~할 따름이다. *배사(倍蓰) : 두 배와 다섯 배, 즉 '여러 곱절'이란 뜻. *증민(蒸民) : 蒸은 증(烝)과 通한다. 따라서 蒸民은 서민(庶民)이나 百姓이다. *병이(秉夷) : 병이(秉彛)와 같아서, 타고난 천성(天性 = 常性·本性)을 그대로 지닌 것. *의(懿) : 아름다움.

[大意]

사람의 타고난 본성에 대해서 얘기했다.

맹자는 본능적인 것은 예외로 하고 성덕(性德)만을 사람의 타고나 본성으로 보았으며, 사람은 누구나 남을 측은하게 여기는 마음, 부끄러워하는 마음, 공경하는 마음, 시비를 가리는 마음을 가지고 있다고 했다. 이러한 마음은 행동으로 나타나며, 그런 것이 곧 사람의 마음속에 내재된 인의예지(仁義禮智)라는 것이다. 그래도 사람들이 잘못을 저지르는 것은 외부에서 자극을 받기 때문이며, 일이 있으면 법칙이 있다는 것을 사람들이 기꺼이 따르는 것도 덕을 따르는 본성이 있기 때문이라고 했다.

따라서 사람이 본래 타고난 선한 마음을 곧게 펴나가면 선과 불선의 차이는 있을 수 없다고 했다.

제7장

孟子曰 富歲 子弟多賴 凶歲 子弟多暴 非天之降才爾殊也
맹자왈 부세 자제다뢰 흉세 자제다폭 비천지강재이수야

其所以陷溺其心者然也 今夫麰麥 播種而耰之 其地同 樹
기소이함닉기심자연야 금부모맥 파종이우지 기지동 수

之時又同 浡然而生 至於日至之時 皆熟矣 雖有不同 則地
지시우동 발연이생 지어일지지시 개숙의 수유부동 즉지

有肥磽 雨露之養 人事之不齊也 故凡同類者 擧相似也 何
유비교 우로지양 인사지부제야 고범동류자 거상사야 하

獨至於人而疑之 聖人與我同類者 故龍子曰 不知足而為
독지어인이의지 성인여아동류자 고용자왈 부지족이위

屨 我知其不為蕢也 屨之相似 天下之足同也 口之於味 有
구 아지기불위괴야 구지상사 천하지족동야 구지어미 유

同耆也 易牙先得我口之所耆者也 如使口之於味也 其性
동기야 역아선득아구지소기자야 여사구지어미야 기성

與人殊 若犬馬之與我不同類也 則天下何耆皆從易牙之
여인수 약견마지여아부동류야 즉천하하기개종역아지

於味也 至於味 天下期於易牙 是天下之口相似也 惟耳亦
어미야 지어미 천하기어역아 시천하지구상사야 유이역

然 至於聲 天下期於師曠 是天下之耳相似也 惟目亦然 至
연 지어성 천하기어사광 시천하지이상사야 유목역연 지

> 於子都 天下莫不知其姣也 不知子都之姣者 無目者也 故
> 어 자 도 천 하 막 불 지 기 교 야 불 지 자 도 지 교 자 무 목 자 야 고
> 曰 口之於味也 有同耆焉 耳之於聲也 有同聽焉 目之於色
> 왈 구 지 어 미 야 유 동 기 언 이 지 어 성 야 유 동 청 언 목 지 어 색
> 也 有同美焉 至於心 獨無所同然乎 心之所同然者何也 謂
> 야 유 동 미 언 지 어 심 독 무 소 동 연 호 심 지 소 동 연 자 하 야 위
> 理也 義也 聖人先得我心之所同然耳 故理義之悅我心 猶
> 리 야 의 야 성 인 선 득 아 심 지 소 동 연 이 고 리 의 지 열 아 심 유
> 芻豢之悅我口
> 추 환 지 열 아 구

맹자가 말했다. "풍년에는 대부분의 젊은이들이 선량하고, 흉년에는 대부분의 젊은이들이 포악하다. 그것은 하늘이 사람의 본성을 다르게 부여한 때문이 아니고, 마음을 한 곳으로 빠져들게 하는 것이 있어서 그렇게 되는 것이다. 갈보리 씨를 같은 시기에 같은 땅에 심어서 흙을 덮어주면 싹이 잘 자라나서 하지 때가 되면 모두가 익는다. 비록 수확량이 다를 수 있지만, 그것은 땅이 비옥하고 척박한 차이이거나 비나 이슬이 내리는 기후 조건, 사람이 들이는 공력의 차이 때문이다. 그래서 대개 같은 종류의 것들은 모두 서로 닮게 된다. 그런데 어째서 사람만 그렇지 않다고 의심하겠는가? 성인도 나와 같은 종류의 사람이다. 그러므로 용자는 '발의 크기를 모르고 신발을 만들어도 나는 삼태기처럼 크게

만들지는 않는다.'고 했다. 신발이 비슷한 것은 사람의 발이 비슷하기 때문이다. 입맛에는 다 같이 좋아하는 것이 있는데, 요리사 역아는 일찍이 우리의 입이 좋아하는 맛을 알아낸 사람이다. 만약에 입맛을 아는 데에 있어서 개나 말이 우리 사람과 같은 종류가 아닌 것처럼 사람마다 다르다면, 세상 사람들이 음식 맛을 좋아함에 어떻게 역아의 음식 맛을 따라 가겠는가? 맛을 아는 것을 세상 사람들이 역아처럼 되기를 바라는 것은 세상 사람들의 입맛이 서로 비슷하기 때문이다. 귀로 듣는 것도 또한 그렇다. 소리를 듣는 데에는 세상 사람들 모두가 음악가 사광처럼 되기를 바라는데, 그것은 세상 사람들의 청각이 비슷하기 때문이다. 눈도 또한 그러하니, 미녀 자도에 대해서는 세상 사람들이 모두 그녀가 아름답다는 것을 알고 있다. 자도의 아름다움을 모르는 사람은 눈이 없는 사람이다. 그러므로 입으로 맛보는 데에는 다 같이 좋아하는 맛이 있고, 귀로 소리를 듣는 데에는 다 같이 듣기 좋아하는 소리가 있으며, 눈으로 보는 데에는 다 같이 아름답게 여기는 색이 있는 것이다. 그런데 유독 마음에 대해서만 다 같이 옳다는 것이 없겠는가? 마음이 같다는 것은 무엇인가? 그것은 도리이고 의리이다. 성인은 우리 마음이 같다는 것을 먼저 깨달은 사람일 따름이다. 그러므로 도리와 의리가 우리 마음을 기쁘게 하는 것은 마치 고기가 우리 입을 즐겁게 하는 것과 같다."

[語釋]

*부세(富歲) : 풍년. *뢰(賴) : 여기에서는 '선량하다.'의 뜻. *재(才) : 인성(人性).

*수(殊) : 차이(差異). *함닉(陷溺) : 유인해서 빠뜨리다. *모맥(麰麥) : 보리. *우(耰) : 여기에서는 씨를 뿌리고 난 뒤 고무래를 사용하여 흙을 덮는 것. *비교(肥磽) : 비옥(肥沃)한 땅과 척박(瘠薄)한 땅. *용자(龍子) : '등문공' 편에는 옛 현인(賢人)이라고 나오는데, 여기에서는 신발을 잘 만드는 사람으로 설명하고 있음. *구(屨) : 삼으로 만든 신발. *궤(蕢) : 삼태기. *역아(易牙) : 제환공(齊桓公) 때의 요리사. *기(期) : 기대(期待)하다. 바라다. *사광(師曠) : 주나라 때의 악사(樂士). *유(惟) : ~이라 하더라도, 생각하건대. *자도(子都) : 옛 중국의 미인. *교(姣) : 여기에서는 미모(美貌)를 말한다. *추환(芻豢) : 芻는 소나 양, 豢은 개나 돼지를 말함.

[大意]

사람의 선한 본성에 대해서 여러 가지 예를 들면서 그 보편성을 논증했다.

미각과 청각과 시각을 말하자면, 사람들은 누구나 맛있는 요리를 좋아하고, 듣기 좋은 음악을 좋아하며, 아름다운 것을 좋아하듯이 그 감각은 서로 비슷하게 닮은 점이 있다. 이렇게 감각에 서로 비슷한 점이 있듯이 마음에도 닮은 점이 있으니, 그것은 바로 누구나가 좋아하는 선량함이다. 그래서 맹자는 사람의 본성은 선하다는 성선설(性善說)을 주장한 것이다.

제8장

孟子曰 牛山之木嘗美矣 以其郊於大國也 斧斤伐之 可以
맹자왈 우산지목상미의 이기교어대국야 부근벌지 가이

為美乎 是其日夜之所息 雨露之所潤 非無萌蘖之生焉 牛
위미호 시기일야지소식 우로지소윤 비무맹얼지생언 우

羊又從而牧之 是以若彼濯濯也 人見其濯濯也 以為未嘗
양우종이목지 시이약피탁탁야 인견기탁탁야 이위미상

有材焉 此豈山之性也哉 雖存乎人者 豈無仁義之心哉 其
유재언 차개산지성야재 수존호인자 개무인의지심재 기

所以放其良心者 亦猶斧斤之於木也 旦旦而伐之 可以為
소이방기량심자 역유부근지어목야 단단이벌지 가이위

美乎 其日夜之所息 平旦之氣 其好惡與人相近也者幾希
미호 기일야지소식 평단지기 기호악여인상근야자기희

則其旦晝之所為 有梏亡之矣 梏之反覆 則其夜氣不足以
즉기단주지소위 유곡망지의 곡지반복 즉기야기부족이

存 夜氣不足以存 則其違禽獸不遠矣 人見其禽獸也 而以
존 야기부족이존 즉기위금수불원의 인견기금수야 이이

為未嘗有才焉者 是豈人之情也哉 故苟得其養 無物不長
위미상유재언자 시개인지정야재 고구득기양 무물부장

苟失其養 無物不消 孔子曰 操則存 舍則亡 出入無時 莫
구실기양 무물불소 공자왈 조즉존 사즉망 출입무시 막

知其鄕 惟心之謂與
지 기 향 유 심 지 위 여

맹자가 말했다. "우산의 나무들은 예전에는 아름다웠지만, 큰 나라에 가까이 있어서 도끼로 찍어대니 예전처럼 아름다울 수가 있겠는가? 새싹은 비와 이슬에 젖어 늘 움트고 밤낮 없이 자라지만, 소와 양을 놓아먹이니 저처럼 벌거숭이산이 된 것이다. 사람들은 그 벌거숭이산을 보고 본래 나무가 없었다고 하지만, 그것이 어떻게 산의 본성이겠는가? 또 사람에게 있는 본성에 어떻게 인의의 마음이 없겠는가? 사람의 양심을 잃어버리는 것도 도끼로 나무를 찍어대는 것과 같은 것이니, 매일 도끼로 찍어대는데 아름다워질 수가 있겠는가? 밤낮으로 길러지는 양심이 움트고 맑은 기운이 감돌기는 하지만, 선한 것을 좋아하고 악한 것을 미워하는 사람다운 양심이 드문 것은 낮에 저지른 나쁜 행동이 양심의 싹을 속박하여 없애기 때문이다. 이 없애는 일을 거듭하면 밤의 선한 기운도 보존할 수 없고, 밤의 선한 기운이 없어지게 되면 사람은 금수와 다름없게 된다. 사람들은 금수와 같은 사람을 보면 본래부터 선한 본성이 없었다고 생각하지만, 그러나 그것이 어떻게 사람이 가진 본성이겠는가? 그러므로 잘 기르면 자라나지 않는 것이 없고, 길러 주지 않으면 없어지지 않는 것이 없다. 공자께서 '붙잡고 있으면 남아 있고, 놓아버리면 없어진다. 드나드는 데 때가 없고, 그것이 있는 곳을 알 수 없다.'고 하신 것은 곧 마음을 두고 말씀하신 것이다."

[語釋]

*우산(牛山) : 제(齊)나라의 산. *부근(斧斤) : 도끼. *소식(所息) : 息은 식(殖)과 通한다. 따라서 '자라는 것'을 이름. *맹(萌) : 싹. 움. *맹얼(萌蘖) : 초목(草木)에 돋는 싹. *탁탁(濯濯) : 원래는 깨끗한 것을 의미하나, 여기에서는 초목이 없어 벌거숭이산이 된 것을 말하고 있다. *존호인자(存乎人者) : 사람이 본래부터 가지고 있는 인성(人性), 또는 본설(本性)을 의미한다. *기(其) : 아마도. *방(放) : 여기에서는 방일(放逸)함을 말한다. *단단(旦旦) : 매일매일, 날마다. *일야(日夜) : 밤낮으로. *평단지기(平旦之氣) : 이른 새벽 사물을 접촉하지 않을 때의 평온한 기상(氣象). *기희(幾希) : 거의 없다. 따라서 남과 다르다는 말이다. *유곡망지(有梏亡之) : 之는 양심(良心)을 가리키고, 梏은 속박(束縛)한다는 뜻, 즉 묶는 것을 이르는 말이다. *야기(夜氣) : 밤사이의 평정(平靜)하고 맑은 기상(氣象)을 말한다. *정(情) : 여기에서는 성정(性情)을 말한다.

[大意]

사람의 본성은 착한 것이지만, 현실적으로 그렇지 못한 것에 대하여 설명하고 있다.

사람이 악한 것은 본성이 악해서가 아니라 본래의 선한 본성을 지키고 기르는 후천적인 노력이 부족한 탓이다. 7장에서 비유한 것처럼 같은 보리를 심어도 수확량이 차이가 나는 것은 땅이 비옥하고 척박한 차이, 기후 조건, 사람이 기울이는 노력의 차이 때문이다. 이와 마찬가지로 사람의 선한 본성을 지키고 기르는 것도 환경의 영향을 받는다. 여기에서는 그러한 환경적인 요소 외에 농사짓는 사람의 노력과 같은, 선한 본성을 지키고 기르는 후천적인 노력의 중요성을 강조했다.

제9장

> 孟子曰 無或乎王之不智也 雖有天下易生之物也 一日暴
> 맹자왈 무혹호왕지불지야 수유천하이생지물야 일일폭
> 之 十日寒之 未有能生者也 吾見亦罕矣 吾退而寒之者至
> 지 십일한지 미유능생자야 오현역한의 오퇴이한지자지
> 矣 吾如有萌焉何哉 今夫弈之爲數 小數也 不專心致志 則
> 의 오여유맹언하재 금부혁지위수 소수야 불전심치지 즉
> 不得也 弈秋 通國之善弈者也 使弈秋誨二人弈 其一人專
> 불득야 혁추 통국지선혁자야 사혁추회이인혁 기일인전
> 心致志 惟弈秋之爲聽 一人雖聽之 一心以爲有鴻鵠將至
> 심치지 유혁추지위청 일인수청지 일심이위유홍곡장지
> 思援弓繳而射之 雖與之俱學 弗若之矣 爲是其智弗若與
> 사원궁격이사지 수여지구학 불약지의 위시기지불약여
> 曰非然也
> 왈비연야

맹자가 말했다. "왕이 지혜롭지 못한 것은 이상할 것이 없다. 세상에서 아무리 쉽게 자라는 것이라 해도 하루만 따뜻하게 해주고 열흘 동안 차갑게 하면 자랄 수 없다. 내가 군주를 알현할 기회는 드물고, 물러나면 군주를 차갑게 하는 사람들이 모여드니, 싹이 트게 한들 나로서는 어쩔 수 없는 일이다. 이것은 바둑을

두는 것은 대단치 않은 기술이지만, 마음을 집중하지 않으면 잘 두지 못하는 것과 같다. 혁추는 나라 안에서 가장 바둑을 잘 두는 사람으로 알려져 있다. 혁추가 두 사람에게 바둑을 가르치는데, 한 사람은 마음을 집중하고 뜻을 다해서 오직 혁추의 말만 새겨듣고, 한 사람은 그의 말을 듣고는 있어도 마음 한 구석에는 기러기가 날아오면 활로 쏘아 잡아야겠다는 생각을 하고 있다면, 비록 함께 배운다고 해도 다른 사람처럼 바둑을 잘 둘 수 없을 것이다. 이것은 그의 지혜가 모자라기 때문인가? 그렇지 않다."

[語釋]

*폭(暴) : 폭(曝). 햇볕 쬐이는 것으로 기온을 따뜻하게 한다는 말. *한(罕) : 희(希). 드물. *언(焉) : ~와 같다. *혁(奕) : 바둑을 두다. *수(數) : 여기에서는 기술(技術). *혁추(弈秋) : 바둑을 잘 두는 명인. *회(誨) : 가르치다. *홍곡(鴻鵠) : 큰 기러기와 고니. *원궁격(援弓繳) : 援은 잡아당기다. 繳은 주살. 따라서 援弓繳은 주살 맨 활을 당기다. *불(弗) : 여기에서는 不보다 강한 부정어(否定語).

[大意]

여기에서도 사람의 본성에 대한 얘기가 나왔다.

아무리 잘 자라는 사물이라도 환경이 좋지 않으면 자랄 수 없듯이, 사람도 수양이 부족해서 인의를 행하지 못할 뿐이지 그 지혜가 부족해서 그런 것은 아니라고 했다. 인의를 행할 가능성은 누구에게나 주어져 있지만, 다만 많은 사람들이 그 정당한 도리를 분별하지 못하고 있다는 것이다.

제10장

孟子曰 魚 我所欲也 熊掌 亦我所欲也 二者不可得兼 舍
맹자왈 어 아소욕야 웅장 역아소욕야 이자불가득겸 사

魚而取熊掌者也 生 亦我所欲也 義 亦我所欲也 二者不可
어이취웅장자야 생 역아소욕야 의 역아소욕야 이자불가

得兼 舍生而取義者也 生亦我所欲 所欲有甚於生者 故不
득겸 사생이취의자야 생역아소욕 소욕유심어생자 고불

為苟得也 死亦我所惡 所惡有甚於死者 故患有所不辟也
위구득야 사역아소악 소악유심어사자 고환유소불벽야

如使人之所欲莫甚於生 則凡可以得生者 何不用也 使人
여사인지소욕막심어생 즉범가이득생자 하불용야 사인

之所惡莫甚於死者 則凡可以辟患者 何不為也 由是則生
지소악막심어사자 즉범가이벽환자 하불위야 유시즉생

而有不用也 由是則可以辟患而有不為也 是故所欲有甚
이유불용야 유시즉가이벽환이유불위야 시고소욕유심

於生者 所惡有甚於死者 非獨賢者有是心也 人皆有之 賢
어생자 소악유심어사자 비독현자유시심야 인개유지 현

者能勿喪耳 一簞食 一豆羹 得之則生 弗得則死 嘑爾而與
자능물상이 일단사 일두갱 득지즉생 불득즉사 호이이여

之 行道之人弗受 蹴爾而與之 乞人不屑也 萬鍾則不辨禮
지 행도지인불수 축이이여지 걸인불설야 만종즉불변례

> 義而受之 萬鍾於我何加焉 爲宮室之美 妻妾之奉 所識窮
> 의 이 수 지 만 종 어 아 하 가 언 위 궁 실 지 미 처 첩 지 봉 소 식 궁
>
> 乏者得我與 鄕爲身死而不受 今爲宮室之美爲之 鄕爲身
> 핍 자 득 아 여 향 위 신 사 이 불 수 금 위 궁 실 지 미 위 지 향 위 신
>
> 死而不受 今爲妻妾之奉爲之 鄕爲身死而不受 今爲所識
> 사 이 불 수 금 위 처 첩 지 봉 위 지 향 위 신 사 이 불 수 금 위 소 식
>
> 窮乏者得我而爲之 是亦不可以已乎 此之謂失其本心
> 궁 핍 자 득 아 이 위 지 시 역 불 가 이 이 호 차 지 위 실 기 본 심

맹자가 말했다. "생선 요리도 내가 좋아하는 것이고 곰발바닥 요리도 내가 좋아하는 것이지만, 두 가지를 다 얻을 수 없다면 생선 요리를 포기하고 곰발바닥 요리를 택하겠다. 삶도 내가 바라는 것이고 도의도 내가 바라는 것이지만, 두 가지를 함께 얻을 수 없다면 삶을 버리고 도의를 택하겠다. 삶 또한 내가 바라는 것이지만 삶보다 더 간절하게 바라는 것이 있기 때문에 구차하게 삶을 얻으려고 하지 않는 것이다. 죽음 또한 내가 싫어하는 것이지만 죽음보다 더 싫어하는 것이 있기 때문에 환란을 피하지 않는 경우가 있는 것이다. 만약에 사람이 바라는 것 중에서 삶보다 더한 것이 없다면 삶을 얻기 위해서 무슨 짓인들 하지 못하겠는가? 만약에 사람이 죽음보다 더 싫어하는 것이 없다면 환란을 피하기 위해서 무슨 짓인들 하지 못하겠는가? 그러나 어떤 방법을 쓰면 사는데도 그런 방법을 쓰지 않은 경우가 있고, 어떤 짓을

하면 환란을 피할 수 있는데도 그런 짓을 하지 않는 경우가 있는 것이다. 그래서 사람에게는 삶보다 더 간절하게 바라는 것이 있고, 죽음보다 더 싫어하는 것이 있다. 오직 어진 사람들만 이런 마음을 가지고 있는 것이 아니라 사람이라면 누구나 이런 마음을 가지고 있는 것이니, 다만 어진 사람은 그러한 마음을 잃는 일이 없을 뿐이다. 대나무그릇에 담은 한 그릇의 밥과 나무그릇에 담은 한 그릇의 국을 얻으면 살고 얻지 못하면 죽게 되는 경우라 해도, 욕설을 퍼부으면서 주면 그 누구도 받지 않을 것이고, 발로 차서 주면 거지라도 달갑지 않을 것이다. 그러나 만종이나 되는 봉록이면 예의를 따지지 않고 받으니, 그 만종의 봉록이 자신에게 무슨 보탬이 되는가? 호화로운 집과 처첩의 봉양과 자신의 친척 중에 가난한 사람들을 도와주기 위해서인가? 예전에는 죽을망정 받지 않았는데, 지금은 자신의 친척 중에 가난한 사람들을 도와주기 위해서라고 받으니, 이것이 과연 그렇게 그만둘 수 없는 것인가? 본심을 잃는다는 것은 이런 것을 두고 하는 말이다."

[語釋]

*웅장(熊掌) : 곰의 발바닥으로 만든 요리. *어(於) : 여기에서는 '~보다'의 뜻. *구(苟) : 구차(苟且). 군색스럽고 구구함. *환(患) : 환란(患難). *유시(由是) : 由는 '쓰다, 좇다, 말미암다'의 뜻. 따라서 由是는 '이런 방법을 쓰다'의 뜻. *상(喪) : 상실(喪失). 잃어버리다. *일단사(一簞食) : 대나무그릇에 담은 한 그릇의 밥. *일두갱(一豆羹) : 나무그릇에 담은 한 그릇의 국. *호이(嘑爾) : 모욕적(侮辱的)인 언사(言辭)를 하는 것. *축이(蹴爾) : 발로 차거나 밟는 것. *설(屑) : 흡족(洽足).

달갑게 여기다. *만종(萬鍾) : 아주 많은 봉록(俸祿). *향(鄕) : 향(嚮). 먼저. 예전.

[大意]

보다 바람직한 사회를 만들려면 삶보다 우선시 되어야 하는 것이 도의임을 강조하고, 도의를 그르치는 무절제한 행동을 삼가며, 따라서 겪게 되는 환란도 각오해야 된다는 말이다.

제11장

> 孟子曰 仁 人心也 義 人路也 舍其路而弗由 放其心而不知求 哀哉 人有雞犬放 則知求之 有放心 而不知求 學問之道無他 求其放心而已矣
>
> 맹자왈 인 인심야 의 인로야 사기로이불유 방기심이불지구 애재 인유계견방 즉지구지 유방심 이불지구 학문지도무타 구기방심이이의

맹자가 말했다. "인자함은 사람의 마음이고 의로움은 사람이 걷는 길이다. 그 길을 버려두고 걷지 않고, 그 마음을 잃어버리고 찾지 않으니 슬픈 일이다. 사람들이 닭이나 개를 잃으면 찾을 줄 알면서도 마음을 잃고도 찾을 줄 모른다. 학문의 길은 다른 데 있는 것이 아니고, 잃어버린 마음을 찾을 따름이다."

[語釋]

*인로(人路) : 사람이 마땅히 걸어야 할 바른길. *사자(舍者) : 버리다. *유자(由者) : 따르다. *방(放) : 본연(本然)의 마음을 방실(放失)함.

[大意]

학문을 하는 까닭은 삶의 욕심 때문에 잃어버린 본성과 바른 도리를 찾아내는 것이다.

제12장

> 孟子曰 今有無名之指 屈而不信 非疾痛害事也 如有能信
> 맹자왈 금유무명지지 굴이불신 비질통해사야 여유능신
> 之者 則不遠秦楚之路 爲指之不若人也 指不若人 則知惡
> 지자 즉불원진초지로 위지지불약인야 지불약인 즉지악
> 之 心不若人 則不知惡 此之謂不知類也
> 지 심불약인 즉부지악 차지위부지류야

맹자가 말했다. "무명지가 굽어서 펴지지 않으면 아프다거나 일을 하는데 지장을 주지는 않지만, 만약에 그 손가락을 펴 줄 사람이 있다면 먼 길이라도 멀다 않고 찾아가는 것은 손가락이 남과 같지 않기 때문이다. 손가락이 남과 같지 않으면 싫어하면서도 마음이 남과 같지 않으면 싫어하지 않는다. 이런 것을 곧 비견할 줄을 모른다고 하는 것이다."

[語釋]

*신(信) : 신(伸)과 같아서, '펴다'의 뜻. *진초지로(秦楚之路) : 먼 거리를 뜻함. 당시에는 제(齊)나라 서울에서 진(秦)나라 서울, 그리고 초(楚)나라의 서울까지가 각각 이천 리의 거리였다고 함. *약(若) : 여(如). 같다. *류(類) : 비견(比肩)하다. 견주다.

[大意]
 작은 것에는 마음을 기울이면서 크고 본질적인 것, 즉 도덕심은 망각해 버리는 인간의 모순성을 지적했다.

제13장

> 孟子曰 拱把之桐梓 人苟欲生之 皆知所以養之者 至於身
> 맹자왈 공파지동재 인구욕생지 개지소이양지자 지어신
>
> 而不知所以養之者 豈愛身不若桐梓哉 弗思甚也
> 이부지소이양지자 개애신불약동재재 불사심야

맹자가 말했다. "한 아름의 오동나무나 한 움큼의 가래나무도 그것을 기르게 되면 누구나 기르는 방법을 알게 된다. 그러나 자신의 몸에 대해서는 그 기르는 방법을 모르니, 오동나무나 가래나무가 자신의 몸보다 소중하다는 것인가? 너무 생각이 없는 것이다."

[語釋]

*공(拱) : 두 팔을 벌려 껴안을 정도의 둘레. 한 아름. *파(把) : 한 손으로 쥘 정도의 크기. 즉 한 움큼. *동재(桐梓) : 오동나무와 가래나무. *구(苟) : 만약, 진실로. *소이(所以) : 일이 생기게 되는 원인이나 조건. 여기에서는 '방법'의 뜻. *불약(不若) : ~만 못하다.

[大意]

자신을 수양하여 도덕성을 갖추는 것이 사람이 마땅히 할 바인데도, 사람들은 이것을 망각하여 그릇된 소행을 일삼는다.

사람이 노력하면 불가능한 것은 없으니, 부단히 노력해서 참다운 사람으로서의 자신을 사랑할 줄 알아야 한다.

제14장

孟子曰 人之於身也 兼所愛 兼所愛 則兼所養也 無尺寸之
맹자왈 인지어신야 겸소애 겸소애 즉겸소양야 무척촌지

膚不愛焉 則無尺寸之膚不養也 所以考其善不善者 豈有
부불애언 즉무척촌지부불양야 소이고기선불선자 개유

他哉 於己取之而已矣 體有貴賤 有小大 無以小害大 無以
타재 어기취지이이의 체유귀천 유소대 무이소해대 무이

賤害貴 養其小者爲小人 養其大者爲大人 今有場師 舍其
천해귀 양기소자위소인 양기대자위대인 금유장사 사기

梧檟 養其樲棘 則爲賤場師焉 養其一指而失其肩背 而不
오가 양기이극 즉위천장사언 양기일지이실기견배 이불

知也 則爲狼疾人也 飲食之人 則人賤之矣 爲其養小以失
지야 즉위랑질인야 음식지인 즉인천지의 위기양소이실

大也 飲食之人無有失也 則口腹豈適爲尺寸之膚哉
대야 음식지인무유실야 즉구복개적위척촌지부재

맹자가 말했다. "사람들은 자신의 몸은 어느 부분이나 다 아낀다. 어느 부분이나 다 같이 아끼기에 어느 부분이나 다 같이 기른다. 조그마한 부분의 살이라도 아끼지 않는 것이 없기에, 조그마한 부분의 살도 기르지 않는 것이 없게 된다. 기르기를 잘하는지 못하는지 판단하는 데에 어떻게 다른 방법이 있겠는가? 자신이

제11편 고자 상 127

분별할 뿐이다. 몸에는 귀한 부분과 천한 부분이 있고 큰 부분과 작은 부분이 있는데, 작은 부분 때문에 큰 부분을 해쳐서도 안 되고 천한 부분 때문에 귀한 부분을 해쳐서도 안 된다. 작은 부분을 키우는 사람은 소인이고, 큰 부분을 키우는 사람은 대인이다. 한 원예사가 오동나무와 가래나무를 버리고 대추나무와 가시나무를 기른다면 쓸모없는 원예사라 할 것이다. 또 손가락 하나를 고치려고 어깨나 등에 생긴 병을 모르는 사람은 자신을 반성하여 돌아보지 못하는 사람이다. 음식만 소중히 여기는 사람을 남들이 천하게 여기는데, 그것은 소중하지 않는 부분을 기르려고 소중한 부분을 잃기 때문이다. 음식만 소중히 여기는 사람이 더 중요한 다른 부분도 잃어버리지 않는다면, 입과 배가 어찌 사소한 살덩어리만을 위한 것이겠는가?

[語釋]

*겸(兼) : 여기에서는 '어느 것 하나 남김없이, 모두 다'라는 뜻. *소(所) : 당하다. 곧 ~하려 하다. *촌척지부(寸尺之膚) : 신체 중에서 극히 작은 일부분. *어기취지이이의(於己取之而已矣) : 스스로 반성하여 살펴서 중요한 것을 선택해야 한다는 말. *귀천소대(貴賤小大) : 貴와 大는 뜻을 인의(仁義)에 따라 펴가는 도덕심이고, 賤과 小는 육체적인 욕망 즉 입과 배를 만족시키는 것이다. *장사(場師) : 원예사(園藝師). *오가(梧檟) : 벽오동나무와 가래나무. *이극(樲棘) : 대추나무와 가시나무. *낭질인(狼疾人) : 이리가 병으로 인하여 뒤를 돌아보지 못하는 것처럼 자신을 반성해서 중요한 것을 택하지 못하는 사람을 비유한 말. *음식지인(飮食之人) : 음식만을 소중히 여기는 것으로, 물욕에 급급한 사람. *적(適) : 다만. 오직. 한갓.

[大意]

사람은 자신의 몸 어느 한 부분이라도 아끼지 않는 부분이 없지만, 그 중에도 귀천소대(貴賤大小)가 있다. 그리고 그 분별을 신중하게 해서 귀한 것을 귀하게 키워나가는 것은 아주 중요한 일이다. 여기에서 맹자가 말하는 귀중하고 큰 것은 인의에 입각해서 그 심지를 바르게 펴나가는 도덕심을 말하고, 반대로 천박하고 작은 것은 육욕적이고 탐욕적인 것을 말한다.

따라서 도덕심을 잘 키우면 대인이 되고, 육욕과 탐욕에 사로잡히면 소인이 된다. 그러므로 도덕적인 것과 비도덕적인 것을 잘 구분해서 도덕적인 것은 키우고 비도덕적인 것은 버려서 대인의 길을 가야한다는 말이다.

제15장

> 公都子問曰 鈞是人也 或爲大人 或爲小人 何也 孟子曰
> 공도자문왈 균시인야 혹위대인 혹위소인 하야 맹자왈
> 從其大體爲大人 從其小體爲小人 曰 鈞是人也 或從其大
> 종기대체위대인 종기소체위소인 왈 균시인야 혹종기대
> 體 或從其小體 何也 曰 耳目之官不思 而蔽於物 物交物
> 체 혹종기소체 하야 왈 이목지관불사 이폐어물 물교물
> 則引之而已矣 心之官則思 思則得之 不思則不得也 此天
> 즉인지이이의 심지관즉사 사즉득지 불사즉부득야 차천
> 之所與我者 先立乎其大者 則其小者弗能奪也 此爲大人
> 지소여아자 선립호기대자 즉기소자불능탈야 차위대인
> 而已矣
> 이이의

공도자가 물었다. "같은 사람인데 어떤 사람은 대인이고 어떤 사람은 소인인 것은 무슨 까닭입니까?" 맹자가 대답했다. "마음을 따르면 대인이고, 감각을 따르면 소인이다." 공도자가 물었다. "어떤 사람은 마음을 따르고, 어떤 사람은 감각을 따른다는 것은 무슨 뜻입니까?" 맹자가 대답했다. "귀나 눈은 생각이 없어서 외부의 사물에 지배되므로, 사물에 접하게 되면 그것에 끌리기 마련이다. 마음은 생각을 할 수 있기 때문에 생각하면 사리를 알 수

있고 생각하지 않으면 사리를 알 수 없다. 이 두 기관은 하늘이 우리에게 부여해 준 것이니, 먼저 큰 것을 확고하게 해 놓으면, 작은 것도 빼앗아가지 못한다. 이것이 곧 대인이 되는 까닭이다."

[語釋]

*대체(大體) : 마음으로 생각하는 기능을 가진 정신적 사유(思惟) 기관. *소체(小體) : 이목구비(耳目口鼻) 등의 신체적 감각 기관. *심지관(心之官) : 생각하는 기능을 가진 마음의 사유(思惟) 기관. *이목지관(耳目之官) : 육체의 감각 기능을 가진 이목구비(耳目口鼻) 등의 기관. *폐어물(蔽於物) : 외부 사물의 자극을 받아서 생물적 욕구 이외의 방향으로 주의가 미치지 못하도록 엄폐(掩蔽)하는 것. *물교물즉인지(物交物則引之) : 앞의 物은 외부 사물을 뜻하고 뒤의 物은 이목지관(耳目之官)을 뜻한다. 物交物則引之란 감각기관은 외부의 사물과 접하면 그것에 유인된다는 말. *차(此) : 여기에서는 耳目之官과 心之官을 가리키는 대명사(代名詞). 또 此를 비(比)로 사용해서 비교한다는 뜻으로 풀이하기도 함.

[大意]

사람의 타고난 감각기관과 생각을 하는 사유기관(思惟器官)을 비교해서 대인과 소인의 다른 점을 설명했다.

감각기관은 본래 나쁜 것이 아니지만 외부의 자극에 의해서 욕망과 탐욕적으로 흘러서 그것에 빠지면 도덕적인 소인으로 되고, 반면에 사유기관의 본바탕은 도덕적인 것이므로 분별을 잘해서 실천하면 대인이 된다고 했다.

제16장

> 孟子曰 有天爵者 有人爵者 仁義忠信 樂善不倦 此天爵也
> 맹자왈 유천작자 유인작자 인의충신 락선불권 차천작야
>
> 公卿大夫 此人爵也 古之人修其天爵 而人爵從之 今之人
> 공경대부 차인작야 고지인수기천작 이인작종지 금지인
>
> 修其天爵 以要人爵 旣得人爵 而棄其天爵 則惑之甚者也
> 수기천작 이요인작 기득인작 이기기천작 즉혹지심자야
>
> 終亦必亡而已矣
> 종역필망이이의

맹자가 말했다. "사람에게는 천작이란 것이 있고 인작이란 것이 있다. 인의충신(仁義忠信) 등의 착한 행동을 기꺼이 함으로써 게을리 하지 않는 것이 천작이고, 공(公)이나 경(卿)이나 대부(大夫) 등의 벼슬은 인작이다. 옛 사람들은 천작을 닦았기에 인작은 자연스레 거기에 따라왔는데, 요즘 사람들은 인작을 구하기 위해서 천작을 닦고 인작을 얻으면 천작을 버리니, 그것은 매우 잘못된 것으로 결국에는 인작도 잃어버리게 된다."

[語釋]

*천작(天爵) : 하늘이 내려준 작위(爵位). *인작(人爵) : 현실적으로 주어지는 공경대부(公卿大夫)와 같은 고위관직(高位官職)을 말한다. *수(修) : 인의충신(仁義忠

信)의 덕을 수행(修行)하는 것. *망(亡) : 망실(亡失). 잃어버리다.

[大意]
   선한 마음은 사람에게 타고난 것이라 하늘이 준 고귀한 벼슬인데, 사람들은 벼슬을 얻기 위해서 수양하고 일단 그 목적을 이루고 나면 수양하지 않는다고 비판했다.

제17장

> 孟子曰 欲貴者 人之同心也 人人有貴於己者 弗思耳 人之
> 맹자왈 욕귀자 인지동심야 인인유귀어기자 불사이 인지
>
> 所貴者 非良貴也 趙孟之所貴 趙孟能賤之 詩云 旣醉以酒
> 소귀자 비량귀야 조맹지소귀 조맹능천지 시운 기취이주
>
> 旣飽以德 言飽乎仁義也 所以不願人之膏粱之味也 令聞
> 기포이덕 언포호인의야 소이불원인지고량지미야 영문
>
> 廣譽施於身 所以不願人之文繡也
> 광예시어신 소이불원인지문수야

맹자가 말했다. "귀하게 되고 싶은 마음은 사람마다 다 같다. 그러나 사람들은 누구나 귀한 것을 가지고 있으면서 그것을 알지 못한다. 남이 귀하게 해주는 것은 참으로 귀한 것이 아니다. 조맹이 귀하게 한 것은 조맹이 천하게 할 수 있다. 《시경》에 '이미 술에 취했고, 덕으로 배부르다.'고 했는데, 이것은 인의의 덕으로 배가 불러서 남들이 즐기는 맛있는 음식은 바라지 않고, 좋은 평판과 널리 알려진 명예가 자신에게 있기 때문에 다른 사람들이 가진 화려하게 수를 놓은 옷 같은 것은 바라지 않는다는 말이다."

[語釋]

*유귀어기자(有貴於己者) : 자기 몸에 귀한 것을 가지고 있다는 말로, 즉 천작(天

爵)을 의미한다. *이(耳) : '~오직 일 뿐이다'라는 단정조사(斷定助辭). *인지소귀자(人之所貴者) : 공경대부(公卿大夫) 같은 높은 벼슬을 받아서 남들이 자신을 귀하게 여기게 하는 것. *양(良) : 진실로. 참말로. *조맹(趙孟) : 춘추시대(春秋時代) 진(晉)나라 권세(權勢)를 주름잡았던 사람. 여기에서 孟의 뜻은 우두머리와 같은 의미이다. *포(飽) : 충족(充足). 만족. *고량(膏粱) : 살찐 고기와 맛있는 곡식(穀食), 즉 맛좋은 음식이란 말. *영문(令聞) : 좋은 소문. *광예(廣譽) : 널리 알려진 명예. *문수(文繡) : 문수(紋繡)와 같다. 즉 화려하게 수(繡)가 놓인 옷.

[大意]

사람들은 높은 관직 같은 것처럼 남이 나에게 주는 것을 귀한 것이라고 생각하지만, 그것은 언제라도 빼앗길 수 있는 것이므로 참으로 귀한 것이라고 할 수 없다. 사람이라면 가지고 있는 착한 본성이야말로 참으로 귀한 것이니, 소중하게 가꾸어나가야 한다고 말했다.

제18장

> 孟子曰 仁之勝不仁也 猶水勝火 今之爲仁者 猶以一杯水
> 맹자왈 인지승불인야 유수승화 금지위인자 유이일배수
> 救一車薪之火也 不熄 則謂之水不勝火 此又與於不仁之
> 구일차신지화야 불식 즉위지수불승화 차우여어불인지
> 甚者也 亦終必亡而已矣
> 심자야 역종필망이이의

맹자가 말했다. "인자한 것이 인자하지 못한 것을 이기는 것은 마치 물이 불을 이기는 것과 같다. 그러나 요즈음 인자함을 실천하는 사람들은 한 잔의 물로 수레에 가득 실린 땔나무에 붙은 불을 끄려고 하는 것과 같다. 그러다가 꺼지지 않으면 물이 불을 이기지 못한다고 한다. 이것은 인자하지 못한 것을 옹호하는 것이니, 이래서는 결국 그 인자함마저 잃게 되는 것이다."

[語釋]

*식(熄) : 진화(鎭火). 불을 끄다. *여(與) : 옹호(擁護)하다. 편들다.

[大意]

인자함과 인자하지 못함을 물과 불에 비유하여 설명했다. 맹자가 인의(仁義)에 대해서 다시 한 번 강조했다.

제19장

> 孟子曰 五穀者 種之美者也 苟為不熟 不如荑稗 夫仁亦在
> 맹 자 왈 오 곡 자 종 지 미 자 야 구 위 불 숙 불 여 이 패 부 인 역 재
> 乎熟之而已矣
> 호 숙 지 이 이 의

맹자가 말했다. "오곡은 곡식의 종자 중에서 가장 좋은 것이지만, 그것이 여물지 않으면 비름이나 피만 못하다. 어짊도 또한 여물게 하는데 달려 있다."

[語釋]

*제패(荑稗) : 荑는 돌피로 일종의 기장, 稗 역시 기장의 一種이다. 荑稗는 제패(梯稗)를 말하며, 잎이 벼와 비슷하고 그 열매를 먹을 수 있는 풀의 일종이다. 하지만 오곡(五穀)에 미치지 못한다.

[大意]

오곡은 곡식 중에서 가장 좋은 것이지만 여물지 못하면 피만도 못한 것처럼, 사람도 마찬가지로 인의(仁義)를 행함에 있어서 부단히 수양하여 그 가치를 높여야 된다고 말했다.

제20장

> 孟子曰 羿之教人射 必志於彀 學者亦必志於彀 大匠誨人
> 맹 자 왈 예 지 교 인 사   필 지 어 구   학 자 역 필 지 어 구   대 장 회 인
>
> 必以規矩 學者亦必以規矩
> 필 이 규 구   학 자 역 필 이 규 구

맹자가 말했다. "예가 사람들에게 활쏘기를 가르칠 때에 반드시 활을 충분히 당기는 것에 몰두하도록 했다. 배우는 사람 역시 활 당기기에 몰두해야 한다. 목수가 사람들을 가르칠 때에 반드시 규구를 가지고 가르친다. 배우는 사람 또한 규구를 가지고 배워야 한다."

[語釋]

*예(羿) : 하(夏)나라 때의 제후(諸侯)로 궁술(弓術)의 명인(名人). *구(彀) : 여기에서는 활을 당기는 것을 말함. *학(學) : 여기에서는 활쏘기를 익히는 것을 말함.

[大意]

활쏘기에서 가장 중요한 것은 활을 충분히 당기는 것이고, 목공일에서 가장 중요한 것은 규구를 사용하는 것이니, 사람이 인자함을 배우고 실천함에도 노력과 뜻을 다하여 정도를 따르는 것이라고 했다.

제12편

고자(告子) 下

제1장

任人有問屋廬子曰 禮與食孰重 曰 禮重 色與禮孰重 曰
임인유문옥려자왈 예여식숙중 왈 예중 색여례숙중 왈

禮重 曰 以禮食 則飢而死 不以禮食 則得食 必以禮乎 親
예중 왈 이례식 즉기이사 불이례식 즉득식 필이례호 친

迎 則不得妻 不親迎 則得妻 必親迎乎 屋廬子不能對 明
영 즉불득처 불친영 즉득처 필친영호 옥려자불능대 명

日之鄒以告孟子 孟子曰 於答是也何有 不揣其本而齊其
일지추이고맹자 맹자왈 어답시야하유 불췌기본이제기

末 方寸之木可使高於岑樓 金重於羽者 豈謂一鉤金與一
말 방촌지목가사고어잠루 금중어우자 개위일구금여일

輿羽之謂哉 取食之重者 與禮之輕者而比之 奚翅食重 取
여우지위재 취식지중자 여례지경자이비지 해시식중 취

色之重者 與禮之輕者而比之 奚翅色重 往應之曰 紾兄之
색지중자 여례지경자이비지 해시색중 왕응지왈 진형지

臂而奪之食 則得食 不紾 則不得食 則將紾之乎 踰東家牆
비이탈지식 즉득식 불진 즉불득식 즉장진지호 유동가장

而摟其處子 則得妻 不摟 則不得妻 則將摟之乎
이루기처자 즉득처 불루 즉불득처 즉장루지호

임나라 사람이 옥려자에게 물었다. "예의와 먹는 것 중에 어느

것이 더 중요합니까?" 옥려자가 대답했다. "예의가 더 중요합니다." 임나라 사람이 물었다. "여색과 예의는 어느 것이 더 중요합니까?" 옥려자가 대답했다. "예의가 더 중요합니다." 임나라 사람이 물었다. "예의를 지키면 굶어죽게 되고 예의를 지키지 않으면 배부르게 먹게 되는데도 반드시 예의를 지켜야 합니까? 또 친영의 예를 갖추면 아내를 얻을 수 없고, 친영의 예를 갖추지 않으면 아내를 얻을 수 있는데도 반드시 친영의 예의를 갖춰야 합니까?" 옥려자가 대답을 하지 못하고 다음날 추나라로 가서 맹자에게 물었더니, 맹자가 말했다. "그런 질문에 답하는 것이 뭐가 어려운가. 그 근본을 헤아리지 않고 끝만 비교한다면 한 치 정도의 나무로도 높은 언덕보다 더 높게 할 수 있다. 쇠가 새털보다 무겁다고 하는 것이 어찌 혁대의 고리 쇠 하나와 수레에 가득 실은 새털을 비교한 말이겠는가? 먹는 것 중에 소중한 것과 예의 중에 사소한 것을 비교하면 어찌 먹는 것이 중요하지 않겠는가? 여색에 관한 중요한 것과 예의 중에 사소한 것을 서로 비교하면 어찌 여색이 중요하지 않겠는가? 가서 이렇게 말해라. '형의 팔을 비틀어서 빼앗으면 먹을 것을 얻을 수 있고, 비틀지 않으면 먹을 것을 얻지 못하는 경우라면, 형의 팔을 비틀겠는가? 또 동쪽 집의 담장을 넘어가서 그 집의 처녀를 끌어안으면 아내를 얻게 되고, 끌어안지 않아서 아내를 얻지 못한다면, 처녀를 끌어안겠는가?'라고."

[語釋]
*임인(任人) : 오늘의 중국 산동성(山東省) 제녕현(齊寧縣)에 있던 임국(任國)의

사람. *옥려자(屋廬子) : 屋廬는 성(姓), 이름은 연(連)이다. 맹자의 제자. *숙(孰) : 뭐가 ~한가? *친영(親迎) : 혼인할 때 행하는 육례(六禮)의 하나. 따라서 불친영(不親迎)은 집이 가난하여 육례(六禮)를 갖추지 못한 것을 말한다. *명일(明日) : 내일. 다음날. *추(鄒) : 오늘의 중국 산동성(山東省) 추평현(鄒平縣). 맹자의 출생지로 알려짐 *하유(何有) : 어렵지 않다는 말. *취(揣) : 헤아리다. *제(齊) : 가지런하다. 똑같다. 여기에서는 '견주다, 분별하다'의 의미. *잠루(岑樓) : 岑은 '멧부리, 봉오리'의 뜻. 따라서 岑樓는 높은 언덕. *구(鉤) : 대구(帶鉤), 혁대 고리. *시(翅) : 다만. 뿐. 다만 ~뿐만이 아니라. *진(紾) : 비틀다. *루(摟) : 포옹(抱擁). 두 팔로 끌어안는 것.

[大意]

임나라 사람과 맹자의 제자인 옥려자가 예의에 대해서 논했다.

예의는 소중한 것이지만 본능적인 것을 무시하고 예의만 지키려고 하면 먹지도 못하고 아내를 얻을 수도 없는데, 어떻게 예의가 사람의 생활에 보탬이 되느냐는 임나라 사람의 물음에, 옥려자가 대답을 못하고 맹자를 찾아가서 물으니, 예의는 본능적인 것보다 우선적인 것이므로 본능과 예의를 비교하는 자체가 어리석은 짓이라고 맹자가 말한 것이다.

제2장

曹交問曰 人皆可以爲堯舜 有諸 孟子曰 然 交聞文王十尺
조교문왈 인개가이위요순 유제 맹자왈 연 교문문왕십척

湯九尺 今交九尺四寸以長 食粟而已 如何則可 曰 奚有於
탕구척 금교구척사촌이장 식속이이 여하즉가 왈 해유어

是 亦爲之而已矣 有人於此 力不能勝一匹雛 則爲無力人
시 역위지이이의 유인어차 역불능승일필추 즉위무력인

矣 今日擧百鈞 則爲有力人矣 然則擧烏獲之任 是亦爲烏
의 금왈거백균 즉위유력인의 연즉거오획지임 시역위오

獲而已矣 夫人豈以不勝爲患哉 弗爲耳 徐行後長者謂之
획이이의 부인개이불승위환재 불위이 서행후장자위지

弟 疾行先長者謂之不弟 夫徐行者 豈人所不能哉 所不爲
제 질행선장자위지부제 부서행자 개인소불능재 소불위

也 堯舜之道 孝弟而已矣 子服堯之服 誦堯之言 行堯之行
야 요순지도 효제이이의 자복요지복 송요지언 행요지행

是堯而已矣 子服桀之服 誦桀之言 行桀之行 是桀而已矣
시요이이의 자복걸지복 송걸지언 행걸지행 시걸이이의

曰 交得見於鄒君 可以假館 願留而受業於門 曰 夫道 若
왈 교득현어추군 가이가관 원류이수업어문 왈 부도 약

大路然 豈難知哉 人病不求耳 子歸而求之 有餘師
대로연 개난지재 인병불구이 자귀이구지 유여사

조교가 물었다. "사람은 누구나 요순처럼 될 수 있다고 하는데 사실입니까?" 맹자가 대답했다. "그렇습니다." 조교가 물었다. "제가 듣기에 문왕은 키가 10척이었고 탕왕은 9척이었다는데, 지금 저는 키가 9척 4촌이면서 밥만 축내고 있으니 어쩌면 좋겠습니까?" 맹자가 대답했다. "그런 것이 무슨 상관이 있습니까? 그리고 그렇게 되려고 실천하면 되는 것입니다. 여기 어떤 사람이 병아리 한 마리도 이길 수 없다고 하면 힘없는 사람이라고 할 것이고, 백 균을 들 수 있다면 힘센 사람이라고 할 것입니다. 따라서 옛날에 오획 같은 장사가 들었던 물건을 든다면 그 사람 또한 오획이 되는 것입니다. 사람이 어찌 이겨내지 못한다고 근심합니까? 그렇게 하려고 하지 않을 뿐입니다. 천천히 걸으면서 나이 많은 사람보다 뒤에 가는 사람을 제라 하고, 빨리 걸으면서 나이 많은 사람보다 앞서 가는 사람을 부제라고 하는데, 천천히 걸어가는 것을 어찌 사람이 못하겠습니까? 그것은 하려고 하지 않는 것입니다. 요순의 도리는 효제에 있을 뿐이니, 당신이 요와 같은 옷을 입고 요와 같은 말을 하며 요와 같은 행동을 하면 곧 요와 같은 사람이 될 것이고, 당신이 걸과 같은 옷을 입고 걸과 같은 말을 하며 걸과 같은 행동을 한다면 곧 걸이 될 것입니다." 조교가 말했다. "제가 추나라의 군주를 알현하면 숙소를 얻을 수 있을 것이니, 그 곳에 머물면서 선생님 문하에서 배우고자 합니다." 맹자가 말했다. "도는 큰길과 같은 것인데 어찌 이해하기가 어렵겠습니까? 사람들이 그것을 얻으려 하지 않는 것이 문제일 뿐입니다. 당신도 돌아가서 얻으려고 하면 스승은 많을 것입니다."

[語釋]

*조교(曹交) : 조(曹)나라 군주의 아우로, 이름은 교(交). *척촌(尺寸) : 오늘날에는 한 자(尺)가 30.3cm이지만, 맹자가 살던 당시에 한 자(尺)는 약 20cm 정도로 오늘날보다 짧았다고 하며, 한 尺은 십 寸이다. *식속이이(食粟而已) : 밥만 축낼 뿐으로 다른 재능이 없다는 말. *추(雛) : 병아리. *균(鈞) : 삼십 근. 한 근(斤)은 600g. *오획(烏獲) : 진(秦)나라 무왕(武王) 때의 힘이 센 장사. *임(任) : 맡은 물건 또는 짐. *제(弟) : 제(悌)와 같아서, 연장자(年長者)나 형(兄)을 받드는 것을 말함. *병(病) : 여기에서는 동사(動詞)로 '病되게 여기는 것, 또는 근심하다'의 뜻. 즉 흠 또는 문제라는 말.

[大意]

요임금이나 순임금처럼 효제를 행하면 누구나 성인이 될 수 있다고 역설했다.

조나라 군주의 동생 조교가 자신의 체격도 요순의 체격에 못지 않은데 밥만 축내는 범부에 지나지 않으니, 요순처럼 되려면 어떻게 하면 되겠느냐는 물음에, 맹자가 힘이 약한 사람과 힘이 센 사람을 비유하여 두 사람의 차이는 노력에 있는 것이지 본래부터 힘이 센 능력을 타고 태어난 것은 아니라고 말했다. 따라서 요순처럼 공덕을 쌓고 바른 도리를 행하면 성인이 될 수 있다고 하고, 하려고 하면 되는데 하지 않는 것이 문제라고 결론지었다.

제3장

> 公孫丑問曰 高子曰 小弁 小人之詩也 孟子曰 何以言之
> 공손추문왈 고자왈 소반 소인지시야 맹자왈 하이언지
> 曰 怨 曰 固哉 高叟之爲詩也 有人於此 越人關弓而射之
> 왈 원 왈 고재 고수지위시야 유인어차 월인관궁이사지
> 則己談笑而道之 無他 疏之也 其兄關弓而射之 則己垂涕
> 즉기담소이도지 무타 소지야 기형관궁이사지 즉기수체
> 泣而道之 無他 戚之也 小弁之怨 親親也 親親 仁也 固矣
> 읍이도지 무타 척지야 소반지원 친친야 친친 인야 고의
> 夫 高叟之爲詩也 曰 凱風何以不怨 曰 凱風 親之過小者
> 부 고수지위시야 왈 개풍하이불원 왈 개풍 친지과소자
> 也 小弁 親之過大者也 親之過大而不怨 是愈疏也 親之過
> 야 소변 친지과대자야 친지과대이불원 시유소야 친지과
> 小而怨 是不可磯也 愈疏 不孝也 不可磯 亦不孝也 孔子
> 소이원 시불가기야 유소 불효야 불가기 역불효야 공자
> 曰 舜其至孝矣 五十而慕
> 왈 순기지효의 오십이모

공손추가 말했다. "고자(高子)는《시경》에 있는 '소반'을 소인배의 시라고 합니다." 맹자가 물었다. "어째서 그렇게 말했겠느냐?" 공손추가 말했다. "어버이를 원망하는 마음이 있기 때문이랍니

다." 맹자가 말했다. "고자가 시를 감상하는 것은 고루하다. 만약에 월나라 사람이 활을 당겨서 어떤 사람을 쏘려고 하면 말리는 사람은 그저 말로만 그러지 말라고 말할 것이니, 그것은 다름이 아니라 그 월나라 사람과는 친하지 않은 사이이기 때문이다. 그러나 말리는 사람의 형이 활을 당겨 그 사람을 쏘려고 하면 눈물을 흘리면서 그러지 마라고 말릴 것이니, 그것은 다름이 아니라 형은 가까운 사이이기 때문이다. 소반에 나오는 어버이를 원망하는 마음은 어버이를 친애하는 마음에서 나온 것이다. 어버이를 친애하는 것은 인(仁)이다. 그러므로 고자가 시를 감상하는 것은 고루한 것이다." 공손추가 물었다. "《시경》의 '개풍'에는 어째서 원망하지 않았습니까?" 맹자가 말했다. "《시경》의 '개풍'에는 어버이의 허물이 적은 것이고, '소반'에서는 어버이의 허물이 컸다. 어버이의 허물이 큰 데도 원망하지 않으면 더욱 소원해지고, 어버이의 허물이 적은데도 원망하면 어버이에게 사소한 일로 격동하여 성내는 것이다. 더욱 소원하게 하는 것도 불효이고, 성내는 것도 불효이다. 공자께서는 '순임금은 지극한 효자다. 쉰 살이 되어서도 어버이를 사모했다.'고 말하셨다."

[語釋]

*고자(高子) : 제(齊)나라 사람. *소반(小弁) : 《시경》 '小雅'의 편명(篇名). 주(周)나라 유(幽)왕이 신후(申后)를 아내로 삼아 태자 의구(宜臼 : 平王)를 얻었고, 뒤에 포사(褒姒)를 얻어 백복(伯服)을 낳자 포사에 미혹(迷惑)되어서 신후를 쫓아내고 태자 의구를 폐했다. 이에 의구의 사부(師傅)가 이 '小弁'이라는 시(詩)를 지었다고

한다. 따라서 시의 내용이 애통하고 절박한 심정을 나타냈다는 것이다. *고(固) : 고루(固陋)하다. 융통성이 없어 고집불통이다. *고수(高叟) : 고노인(高老人). 고자(高子)를 이르는 말로, 그가 당시 맹자보다 연장자이었기에 이렇게 부르는 것이다. *위(爲) : 여기에서는 '다루다.'의 뜻. *월(越) : 야만족의 나라 이름. *완(關) : 화살을 먹이다. (시위를) 당기다. *도(道) : 여기에서는 '말하다'의 뜻. *戚(척) 친근하게 여기다. *개풍(凱風) :《시경》의 편명(篇名). 효자를 찬미한 시(詩). 위(衛)나라에 음란한 풍조가 유행하여 홀어미도 집에서 가만히 견디지 못할 지경이었는데, 그 아들이 효성을 다해서 홀어미의 마음을 달래었기로 이를 찬미해서 읊은 것이라고 한다. *불가기(不可磯) : 磯는 격(激)과 같아서 물이 바위에 부딪치는 것으로, 비위를 거스른다는 뜻이 있다. 不可磯는 직역하면 비위를 거스르는 것이 맞지 않는다는 말로, 사소(些少)한 일로 부모에게 격동(激動)하여 성(怒)내는 것을 말한다. 즉 자칫 성내는 것을 말한다.

[大意]

《시경》의 시(詩) '소반(小弁)'과 '개풍(凱風)'은 둘 다 자식이 어버이를 노래한 시인데, '소반'은 후처에게 빠져서 본처인 어머니와 자신을 버린 아버지의 행실을 원망하는 시이고, '개풍'은 당시에 유행하던 음란한 풍조에 휘말리는 어머니를 원망하지 않고 효성을 다해 섬긴 효자의 행실을 찬미한 시이다. 그래서 고자는 '소반'이 어버이를 원망하는 시라고 하여 소인(小人)의 시라고 했는데, 그 말을 들은 맹자는 자식이 부모의 허물을 원망하는 것은 효심에서 나온 것이기 때문에 고자의 시평(詩評)은 고루하다고 생각했다. 또 '개풍'에서는 비록 그릇된 어머니이긴 하지만 그 허물이 '소반'에서 말하는 아버지의 허물과는 차이가 있는 것으로, 그런 사소한 허물까지 크게 원망한다면 그것은 불효에 속한다고 했다.

   작은 허물은 덮어주고 큰 허물은 깨치게 해서 어버이로 하여금 바른 길을 걷게 하는 자식의 효행을 강조한 것으로, 맹자는 그 본보기를 순임금의 효심에 두었다.

제4장

宋牼將之楚 孟子遇於石丘 曰 先生將何之 曰 吾聞秦楚構
송경장지초 맹자우어석구 왈 선생장하지 왈 오문진초구

兵 我將見楚王說而罷之 楚王不悅 我將見秦王說而罷之
병 아장현초왕설이파지 초왕불열 아장현진왕설이파지

二王我將有所遇焉 曰 軻也請無問其詳 願聞其指 說之將
이왕아장유소우언 왈 가야청무문기상 원문기지 설지장

何如 曰 我將言其不利也 曰 先生之志則大矣 先生之號則
하여 왈 아장언기불리야 왈 선생지지즉대의 선생지호즉

不可 先生以利說秦楚之王 秦楚之王悅於利 以罷三軍之
불가 선생이리설진초지왕 진초지왕열어리 이파삼군지

師 是三軍之士樂罷而悅於利也 為人臣者懷利以事其君
사 시삼군지사락파이열어리야 위인신자회리이사기군

為人子者懷利以事其父 為人弟者懷利以事其兄 是君臣
위인자자회리이사기부 위인제자회리이사기형 시군신

父子 兄弟終去仁義 懷利以相接 然而不亡者 未之有也 先
부자 형제종거인의 회리이상접 연이불망자 미지유야 선

生以仁義說秦楚之王 秦楚之王悅於仁義 而罷三軍之師
생이인의설진초지왕 진초지왕열어인의 이파삼군지사

是三軍之士樂罷而悅於仁義也 為人臣者懷仁義以事其
시삼군지사락파이열어인의야 위인신자회인의이사기

> 君 爲人子者懷仁義以事其父 爲人弟者懷仁義以事其兄
> 군 위인자자회인의이사기부 위인제자회인의이사기형
> 是君臣 父子 兄弟去利 懷仁義以相接也 然而不王者 未之
> 시군신 부자 형제거리 회인의이상접야 연이불왕자 미지
> 有也 何必曰利
> 유야 하필왈리

송경이 초나라로 가던 도중에 석구에서 맹자를 만났다. 맹자가 물었다. "선생은 어디로 가십니까?" 송경이 대답했다. "내가 듣기에 진나라와 초나라가 전쟁을 일으켰다고 하니, 초나라 왕을 만나 설득해서 전쟁을 그만두게 하려고 합니다. 초나라의 왕이 달갑게 여기지 않으면 진나라의 왕을 만나서 그를 설득해서 그만두게 하려고 합니다. 이 두 나라의 왕 중에 나와 뜻이 맞는 사람이 있을 겁니다." 맹자가 물었다. "자세한 내용은 묻지 않겠습니다만, 그 요지를 듣고 싶습니다. 그들을 어떻게 설득시키려고 하십니까?" 송경이 대답했다. "나는 전쟁이 이롭지 않다는 것을 말하려고 합니다." 맹자가 말했다. "선생의 뜻은 훌륭하지만 선생이 설득하려는 방법은 좋지 않습니다. 선생이 이로움을 내세워서 진나라와 초나라의 왕을 설득하면, 진나라와 초나라의 두 왕도 이로움을 좋아하기 때문에 삼군의 싸움을 그만둘 것입니다. 그러면 삼군의 병사들도 싸움을 그만둔 것을 좋아하고 이롭게 된 것을 기뻐할 것입니다. 신하 된 사람이 이로움을 생각해서 자신의 군주

를 섬기고, 자식 된 사람이 이익을 생각해서 자신의 아비를 섬기며, 아우 된 사람이 이로움을 생각해서 자신의 형을 섬긴다면, 임금과 신하, 아버지와 자식, 형과 아우가 모두 인의를 버리고 이로움을 생각하며 서로를 대할 것입니다. 그렇게 되면 망하지 않는 경우가 없습니다. 선생이 인의로 진나라와 초나라의 왕을 설득하면 진나라와 초나라의 왕은 인의를 좋아하기 때문에 삼군의 싸움을 그만둘 것입니다. 신하 된 사람이 인의를 생각해서 자신의 임금을 섬기고, 자식 된 사람이 인의를 생각해서 자신의 부모를 섬기며, 아우 된 사람이 인의를 생각해서 자신의 형을 섬긴다면, 임금과 신하, 아버지와 자식, 형과 아우가 모두 이로움을 버리고 인의를 생각하면서 서로를 대할 것입니다. 그렇게 하고도 천하의 왕이 되지 못한 사람은 없습니다. 그런데도 하필이면 이로움을 말하려고 하십니까?"

[語釋]

*송경(宋牼) : 송(宋)나라 사람으로 성(姓)은 宋이고 이름은 牼이다. 평화를 주창한 당시 유세가(遊說家) 중의 한 사람. *석구(石丘) : 지명(地名). *구병(構兵) : 構는 얽거나 일으키다. 따라서 構兵은 싸움을 하거나 전쟁을 일으킨다는 뜻. *설(說) : 여기에서는 설복(說服)이나 설득(說得)을 말한다. '세'로 읽고 유세(遊說)의 뜻도 된다. *지(指) : 요지(要旨). *호(號) : 여기에서는 설득하는 방법을 말한다. *삼군(三軍) : 대제후국(大諸侯國)의 병력(兵力)을 말하며, 一軍은 15,200명의 병사를 뜻한다.

[大意]

《맹자》첫 장에 나오는 인의와 이익에 대해서 다시 강조했다. 전쟁을 그만두게 하는 것이 시급하다고 해서 이익을 내세워서 설득하면 전쟁은 그만두게 할 수는 있지만, 이익의 가치가 모든 것에 우선하게 되어 인륜에서의 인의가 사라지게 되고 나라는 멸망하게 될 것이라고 말했다.

제5장

孟子居鄒 季任為任處守 以幣交 受之而不報 處於平陸 儲
子為相 以幣交 受之而不報 他日由鄒之任 見季子 由平陸
之齊 不見儲子 屋廬子喜曰 連得間矣 問曰 夫子之任見季
子 之齊不見儲子 為其為相與 曰 非也 書曰 享多儀 儀不
及物曰不享 惟不役志于享 為其不成享也 屋廬子悅 或問
之 屋廬子曰 季子不得之鄒 儲子得之平陸

맹자가 추나라에 머물 때에 계임이 임나라의 군주를 대신해서 나랏일을 보고 있으면서 예물을 보내어 교제하기를 청했는데, 맹자는 그 예물을 받기만 하고 답례를 하지 않았다. 맹자가 평륙에 머물 때에도 제나라의 재상 저자가 예물을 보내어 교제하기를 청하였지만, 그것을 받기만 하고 답례를 하지 않았다. 훗날 추나라에서 임나라로 갔을 때는 계임을 만났지만, 평륙에서 제나라로 가서는 저자를 만나지 않았다. 그러자 옥려자가 재미있다고 하면서 '선생님의 실수를 알았다.'고 하더니 물었다. "선생님께서 임나라에 가서는 계임을 만나고 제나라에 가서는 저자를 만나지 않으셨는데, 그것은 저자가 재상이었기 때문에 그러하신 것입니까?" 맹자가 대답했다. "아니다. 《서경》에서는 '예물을 보낼 때에는 예의를 다해야 하는데, 예의가 예물에 미치지 못하면 예물을 보내지 않는 것과 같다. 그것은 예물을 보내는 마음을 다하지 않았기 때문이다.'고 했으니, 저자를 만나지 않은 이유는 저자가 예의를 다하지 않았기 때문이다." 옥려자가 그 말을 듣고 기뻐하자, 어떤 사람이 그 일에 대해서 물었는데, 옥려자는 "계임은 추나라로 갈 수 없었지만, 저자는 평륙으로 갈 수 있었기 때문입니다."고 했다.

[語釋]

*계임(季任) : 임(任)나라 군주의 아우. *처수(處守) : 군주가 없는 동안 대신해서 나라의 일을 보는 것. *보(報) : 보답(報答). 답례(答禮). *평륙(平陸) : 제(齊)나라의 고을 이름. *저자(儲子) : 제나라의 재상(宰相). *유(由) : ~로부터. *연(連) : 맹자의 제자 옥려자(屋廬子)의 이름. *간(閒) : 간(間). 여기에서는 실수나 잘못 등을 지적하는 틈을 말한다. *향(享) : 예물을 바칠 때의 예의. *역(役) : 사용(使用).

[大意]

예의에 대한 맹자의 엄격함을 보여주고 있다.

계임과 저자로부터 예물을 받은 맹자가 계임은 만나고 저자는 만나지 않았다. 제자인 옥려자가 그 까닭을 묻자, 맹자는 계임이 추에 오지 않은 것은 일 때문이었으니 예의에 벗어난 것이 아니지만, 저자가 평륙에 올 수 있었는데도 불구하고 오지 않은 것은 예의에 벗어난 것이며, 저자가 맹자를 대하는 마음이 부족한 탓이라고 말했다.

제6장

淳于髡曰 先名實者 爲人也 後名實者 自爲也 夫子在三卿
순우곤왈 선명실자 위인야 후명실자 자위야 부자재삼경

之中 名實未加於上下而去之 仁者固如此乎 孟子曰 居下
지중 명실미가어상하이거지 인자고여차호 맹자왈 거하

位 不以賢事不肖者 伯夷也 五就湯 五就桀者 伊尹也 不
위 불이현사불초자 백이야 오취탕 오취걸자 이윤야 불

惡汙君 不辭小官者 柳下惠也 三子者不同道 其趨一也 一
악오군 불사소관자 유하혜야 삼자자불동도 기추일야 일

者何也 曰 仁也 君子亦仁而已矣 何必同 曰 魯繆公之時
자하야 왈 인야 군자역인이이의 하필동 왈 노무공지시

公儀子爲政 子柳 子思爲臣 魯之削也滋甚 若是乎賢者之
공의자위정 자류 자사위신 노지삭야자심 약시호현자지

無益於國也 曰 虞不用百里奚而亡 秦穆公用之而霸 不用
무익어국야 왈 우불용백리해이망 진무공용지이패 불용

賢則亡 削何可得與 曰 昔者王豹處於淇 而河西善謳 綿駒
현즉망 삭하가득여 왈 석자왕표처어기 이하서선구 면구

處於高唐 而齊右善歌 華周 杞梁之妻善哭其夫 而變國俗
처어고당 이제우선가 화주 기량지처선곡기부 이변국속

有諸內必形諸外 爲其事而無其功者 髡未嘗睹之也 是故
유제내필형제외 위기사이무기공자 곤미상도지야 시고

> 無賢者也 有則髡必識之 曰 孔子爲魯司寇 不用 從而祭
> 무현자야 유즉곤필식지 왈 공자위로사구 불용 종이제
> 燔肉不至 不稅冕而行 不知者以爲爲肉也 其知者以爲爲
> 번육불지 불탈면이행 불지자이위위육야 기지자이위위
> 無禮也 乃孔子則欲以微罪行 不欲爲苟去 君子之所爲 衆
> 무례야 내공자즉욕이미죄행 불욕위구거 군자지소위 중
> 人固不識也
> 인고불식야

순우곤이 말했다. "명예와 공적을 앞세우는 것은 남을 위하는 것이고, 명예와 공적을 뒤로 돌리는 것은 자신을 위하는 것입니다. 선생님은 삼경의 한 사람으로 있으면서 명예와 공적이 위아래에 미치지도 않았는데 떠나시니, 인자한 사람은 본래 그런 것입니까?" 맹자가 말했다. "낮은 자리에 있으면서 현명해서 못난 사람을 섬기지 않은 사람은 백이이고, 다섯 번이나 탕왕에게서 벼슬을 하고 다섯 번이나 걸왕에게서 벼슬한 사람은 이윤이며, 더러운 군주라고 해도 싫어하지 않고 작은 벼슬도 사양하지 않은 사람은 유하혜이다. 이 세 사람이 실천한 방법은 달랐지만 뜻한 바는 같았다. 그 같았다는 것은 무엇이겠는가? 인자함이다. 군자는 오직 인자해야 할 따름이지, 그 처신하는 방법이 같을 필요가 있겠는가?" 순우곤이 말했다. "노나라 무공 때에 공의자가 재상으로 있었고 자유와 자사가 신하로 있었음에도 노나라의 땅을 많이 빼앗겼는데, 현명한 사람들의 무익함이 이런 것입니까?" 맹자가 말했다. "우나라는 백리해를 등용하지 않았기 때문에 망했고, 진나라의 목공은 그를 등용해서 패권을 잡았다. 현명한 사람을 등용하지 않으면 망하게 되는데 어떻게 땅을 빼앗기는 것으로 끝날 수가 있겠는가?" 순우곤이 말했다. "옛날에 노래를 잘하는 왕표가 기수 가까이에서 살 때는 하서 지방의 사람들이 노래를 잘 불렀고, 노래를 잘하는 면구가 고당에 살 때는 제나라 서쪽 지방 사람들이 노래를 잘 불렀으며, 화주와 기량의 아내가 그 남편들이 전사하자 곡을 하며 슬피 울었는데 그것으로 인해 나라의 풍속이 변하게 되었습니다. 안에 있는 것은 반드시 밖으로 드러나게 되는 것이니, 일을 하고도 아무런 결과가 나오지 않는 것을 나는 아직 본 일이 없습니다. 따라서 이 나라에는 현명한 사람이 없는 것입니다. 만약에 있다면 내가 곧 알게 될 것입니다." 맹자가 말했다. "공자께서는 노나라에서 중용되지 못하고 사구로 있을 때에 수행원으로 제사에 참석했는데, 제사를 지내고 나서 고기를 나누어주지 않자 면복을 벗지도 않고 떠나셨다. 공자를 모르는 사람들은 제사 고기 때문이라고 했고, 공자를 잘 아는 사람들은 예의가 없기 때문이라고 했다. 그러나 실은 공자께서는 작은 잘못을 구실삼아 떠나려고 한 것이다. 이러한 군자의 행위를 보통 사람들은 본래 잘 모른다."

[語釋]
*순우곤(淳于髡) : 제(齊)나라의 변사(辯士). *명실(名實) : 나라를 다스리고 백성

을 돌보는 것. *삼경(三卿) : 제후국(諸侯國)의 벼슬, 三卿은 사마(司徒)와 하마(司馬), 사공(司空)의 세 직책을 말한다. *상하(上下) : 上은 군주를 말하고 下는 백성을 뜻한다. *하위(下位) : 민간인의 신분. *추(趨) : 행하는 것이나 귀착하는 것, 즉 추구(追求)하는 것. *공의자(公儀子) : 노(魯)나라의 재상(宰相). *자류(子柳) : 설류(泄柳)라고도 하며, 확실한 것은 알 수 없음. *삭(削) : 여기에서는 땅을 빼앗겨 줄어든 것. *공의자(公儀子) : 노(魯)나라의 재상(宰相). *사구(司寇) : 형벌을 맡아보는 관직. *종(從) : 여기에서는 수행원(隨行員). *번육(燔肉) : 제물(祭物)로 사용했던 익힌 고기. *탈면(稅冕) : 稅은 탈(脫)과 같다. 따라서 稅冕은 조정(朝廷)에서 입는 관(冠)이나 예복(禮服)을 벗는 것을 말한다.

[大意]

　인의의 정치를 실현하려고 했지만 뜻대로 되지 않자, 제나라를 떠나려는 맹자를 순우곤이 현명한 사람들과 맹자를 싸잡아서 비난하는 투로 평가하자, 맹자가 백이와 이윤과 유하혜의 처신을 예로 들면서 모든 행위는 상황에 따라 변하는 것이니 경솔하게 한마디로 평가하면 안 된다고 말하고 있다.

　또 뜻에 맞지 않는 군주를 떠나는 것을 공자가 노나라에서 떠날 때의 상황에 비유했다.

제7장

孟子曰 五霸者 三王之罪人也 今之諸侯 五霸之罪人也 今
맹자왈 오패자 삼왕지죄인야 금지제후 오패지죄인야 금

之大夫 今之諸侯之罪人也 天子適諸侯曰巡狩 諸侯朝於
지대부 금지제후지죄인야 천자적제후왈순수 제후조어

天子曰述職 春省耕而補不足 秋省斂而助不給 入其疆 土
천자왈술직 춘성경이보불족 추성렴이조불급 입기강 토

地辟 田野治 養老尊賢 俊傑在位 則有慶 慶以地 入其疆
지벽 전야치 양로존현 준걸재위 즉유경 경이지 입기강

土地荒蕪 遺老失賢 掊克在位 則有讓 一不朝 則貶其爵
토지황무 유로실현 부극재위 즉유양 일불조 즉폄기작

再不朝 則削其地 三不朝 則六師移之 是故天子討而不伐
재불조 즉삭기지 삼불조 즉육사이지 시고천자토이불벌

諸侯伐而不討 五霸者 摟諸侯以伐諸侯者也 故曰 五霸者
제후벌이불토 오패자 누제후이벌제후자야 고왈 오패자

三王之罪人也 五霸 桓公爲盛 葵丘之會諸侯 束牲 載書而
삼왕지죄인야 오패 환공위성 규구지회제후 속생 재서이

不歃血 初命曰 誅不孝 無易樹子 無以妾爲妻 再命曰 尊
불삽혈 초명왈 주불효 무역수자 무이첩위처 재명왈 존

賢育才 以彰有德 三命曰 敬老慈幼 無忘賓旅 四命曰 士
현육재 이창유덕 삼명왈 경로자유 무망빈려 사명왈 사

> 無世官 官事無攝 取士必得 無專殺大夫 五命曰 無曲防
> 無遏糴 無有封而不告 曰 凡我同盟之人 既盟之後 言歸于
> 好 今之諸侯 皆犯此五禁 故曰 今之諸侯 五霸之罪人也
> 長君之惡其罪小 逢君之惡其罪大 今之大夫 皆逢君之惡
> 故曰 今之大夫 今之諸侯之罪人也

맹자가 말했다. "오패는 삼왕에 대해서는 죄인이고, 오늘날의 제후들은 오패에 대해서는 죄인이며, 오늘날의 대부들은 오늘날의 제후들에 대해서는 죄인이다. 천자가 제후한테 가는 것을 순수라고 하고, 제후가 천자에게 조공하는 것을 술직이라고 한다. 순수를 하여서 봄에는 밭갈이를 살피며 모자라는 것을 보충해 주고, 가을에는 수확하는 것을 살펴서 모자라는 것을 도와준다. 천자가 제후의 땅에 들어가 살펴보아서 토지가 개간되어 있고 논밭이 정리되어 있으며, 노인을 봉양하고 어진 사람을 존경하며, 뛰어난 사람들이 관직에 있으면 상을 주었는데, 영토를 상으로 주었다. 천자가 제후의 땅에 들어가 살펴보아서 땅이 황폐하고 노인을 홀대하고, 어진 사람을 푸대접하고 수탈하는 사람이 관직에 있으면 책임을 물었다. 제후가 한 번 조정에 와서 천자를 뵙지 않으면 그 작위를 낮추고, 두 번을 조정에 와서 천자를 뵙지 않으면 그 땅을 삭감하며, 세 번이나 조정에 와서 천자를 뵙지 않으면 군사를 출동시켜 추방했다. 그러므로 천자는 죄를 묻기는 하되 정벌하지 않고, 제후는 정벌하되 죄를 묻지 못한다. 오패는 바로 제후를 이끌고 다른 제후를 정벌한 사람들이다. 따라서 오패는 삼왕에 대해서 죄인이라고 하는 것이다. 오패 가운데서는 제나라의 환공이 가장 강성했다. 규구에서 모임을 가졌을 때에 제후들이 제물로 삼은 소나 양을 묶어 놓고 그 위에 맹약의 글만 올려놓았을 뿐 죽은 제물의 피를 입에 바르는 의식은 행하지 않았다. 그 맹약의 첫째 조항에서는 '불효한 사람은 처형하고, 세자를 바꾸지 않으며, 첩을 본처로 삼지 못한다.'고 했고, 둘째 조항에서는 '인자한 사람을 존경하고, 인재를 기르며, 덕이 있는 사람을 표창한다.'고 했으며, 셋째 조항에서는 '노인을 공경하고, 어린이를 사랑하며, 손님과 나그네를 소홀하게 대해서는 안 된다.'고 했고, 넷째 조항에서는 '선비의 관직을 세습하지 말고, 관직은 겸직하지 않게 하며, 선비를 등용할 때에는 마땅한 사람을 등용하고, 대부들을 마음대로 처형하면 안 된다.'고 했으며, 다섯째 조항에서는 '제방을 구부러지게 쌓지 말고, 이웃 나라에서 양곡을 사가는 것을 막지 말 것이며, 대부로 봉하는 상을 주고도 보고하지 않으면 안 된다.'고 했다. 그리고 '우리 동맹을 맺은 사람들은 일단 맹약을 한 뒤에는 서로 우호적으로 지내야 한다.'고 했다. 그러나 오늘날의 제후들은 모두 이 다섯 가지의 금약을 어기고 있으므로, 오늘날의 제후들은 오패에 대해서는 죄인인 것이다. 군주의 그릇된 정치를 돕는 것은 죄가 작지만, 군주의 그릇된 정치를 앞장서서 이끄는 것은 그 죄가 크다. 오늘날의 대부들은 모두가 군주의 그릇된 정치를 앞장서서 이끌고 있다. 그러므로 오늘날의 대부들은 오늘날의 제후들에 대해서 죄인인 것이다."

[語釋]

*오패(五覇) : 覇는 무력(武力)으로 제후들을 통솔하여 천자(天子)를 형식적인 종주(宗主)로 받들고, 이족(異族)의 침입을 물리치고 중국의 권위를 회복시킨 강대한 제후를 말한다. 五覇에 대해서는 여러 가지 말이 있으나, 제환공(齊桓公)과 진문공(晉文公)과 진무공(秦繆公)과 송양공(宋襄公), 그리고 초장왕(楚莊王) 등 주(周)나라 시대의 다섯 제후를 가리키는 말이 가장 타당하다. *삼왕(三王) : 하(夏)나라 우왕(禹王)과 은(殷)나라 탕왕(湯王), 그리고 주(周)나라의 문왕(文王)과 무왕(武王) 부자(父子)를 말한다. *순수(巡狩) : 천자가 봉한 제후들의 영토를 돌아보는 것을 말한다. *술직(述職) : 맡은 직분에 대해 설명하는 것으로, 제후가 입조(入朝)하여 천자에게 자기 직무에 관한 보고를 하는 것. *보부족(補不足) : 농구(農具)나 종자(種子) 등이 부족한 것을 보충해주는 것. *조불급(助不給) : 인력(人力)이 부족한 것을 도와주는 것. *강(疆) : 지경(地境). 여기에서는 국경(國境). *벽(辟) : 열다. 개척하다. 개간하다. *전야치(田野治) : 황폐한 전답이 없는 것. *경이지(慶以地) : 慶은 상을 주는 것, 따라서 慶以地는 공이 있는 제후에게 상으로 영토(領土)를 더해 주는 것을 말한다. *부극(掊克) : 掊는 취렴(聚斂)으로, 끌어 모으는 것이다. 따라서 掊克은 취렴(聚斂)을 지나치게 하는 것, 조세(租稅)를 가혹하게 걷는 극악한 사람을 말한다. *양(讓) : 견책(譴責). 잘못한 것을 꾸짖는 것. *폄(貶) : 여기에서

는 작위(爵位)를 낮추는 것, 즉 강등(降等)하는 것. *이지(移之) : 내 쫓는 것. 여기에서는 군주를 처형하고 새 군주를 세운다는 뜻. *루(摟) : 끌어당기다. *규구(葵丘) : 제(齊)나라 서남쪽에 있는 지명(地名). *속생(束牲) : 희생(犧牲)될 소를 죽이지 않고 묶어 놓은 것을 말하며, 일반적으로 제사에 쓰이는 가축의 통칭(統稱)이다. *서(書) : 여기에서는 맹약(盟約)을 적어 놓은 문서. *삽혈(歃血) : 제후들이 동맹을 맺을 때에는 희생(犧牲)을 죽이고 동맹한 인물들이 각각 그 피를 입가에 묻혀서 성의를 표시하였던 것인데, 여기에서는 그 관례(慣例)를 어긴 것을 말한다. *명(命) : 여기서는 조항(條項)을 뜻함. *수(樹) : 입(立). 서다. *섭(攝) : 여기에서는 겸임(兼任)의 뜻. *방(防) : 제방(堤防). *알(遏) : 금지(禁止). *적(糴) : 양곡을 사들인다는 말. *언귀우호(言歸于好) : 言은 어조사, 우호적으로 지내야 한다는 말. *장(長) : 조장(助長). *악(惡) : 악정(惡政). *봉(逢) : 영합(迎合).

[大意]

어진 정치를 베풀어 백성을 다스린 삼왕시대는 가장 이상적인 왕도의 정치가 이룩된 시기였지만, 그 후로 무력을 앞세운 오패시대는 삼왕시대에 비하여 죄를 진 것이나 다름없고, 그 다음의 제후들은 혼란과 무질서의 정치를 행하고 있으니 그 죄가 오패보다 더 크다고 할 수 있으며, 그러한 제후들의 그릇된 정치를 앞장서서 끌어가는 대부들의 죄는 제후들의 죄보다 더 크다고 말했다.

제8장

魯欲使慎子爲將軍 孟子曰 不敎民而用之 謂之殃民 殃民
노욕사신자위장군 맹자왈 불교민이용지 위지앙민 앙민

者 不容於堯舜之世 一戰勝齊 遂有南陽 然且不可 愼子勃
자 불용어요순지세 일전승제 수유남양 연차불가 신자발

然不悅曰 此則滑釐所不識也 曰 吾明告子 天子之地方千
연불열왈 차즉활리소불식야 왈 오명고자 천자지지방천

里 不千里 不足以待諸侯 諸侯之地方百里 不百里 不足以
리 불천리 부족이대제후 제후지지방백리 불백리 부족이

守宗廟之典籍 周公之封於魯 爲方百里也 地非不足 而儉
수종묘지전적 주공지봉어로 위방백리야 지비부족 이검

於百里 太公之封於齊也 亦爲方百里也 地非不足也 而儉
어백리 태공지봉어제야 역위방백리야 지비불족야 이검

於百里 今魯方百里者五 子以爲有王者作 則魯在所損乎
어백리 금로방백리자오 자이위유왕자작 즉노재소손호

在所益乎 徒取諸彼以與此 然且仁者不爲 況於殺人以求
재소익호 도취제피이여차 연차인자불위 황어살인이구

之乎 君子之事君也 務引其君以當道 志於仁而已
지호 군자지사군야 무인기군이당도 지어인이이

노나라에서 신자를 장군으로 삼으려고 하자, 맹자가 말했다.

"무지한 백성을 전쟁에 동원하는 것은 백성들을 재앙에 빠뜨리는 것입니다. 백성을 재앙에 빠뜨리는 것은 요순의 시대에는 용납되지 않았습니다. 전쟁을 해서 단번에 제나라를 이겨서 남양을 차지하게 된다고 해도 옳은 일이 아닙니다." 신자가 노기를 띠고 말했다. "나는 그것을 이해할 수 없습니다." 맹자가 말했다. "내가 분명히 당신에게 말하는데, 천자의 땅은 사방 천 리가 되어야 하니, 천 리가 되지 않으면 제후를 상대하기에 부족하기 때문입니다. 제후의 땅은 사방 백 리는 되어야 하니, 백 리가 되지 않으면 종묘의 전적을 보존하기에 부족하기 때문입니다. 주공이 노나라에 제후로 봉해졌을 때에는 사방 백 리에 지나지 않았으니, 땅이 모자라서가 아니라 백 리를 초과하지 못하게 한 것입니다. 태공이 제나라의 제후로 봉해졌을 때에도 역시 사방 백 리였으니, 땅이 모자라서가 아니라 백 리를 초과하지 못하게 한 것입니다. 지금 노나라는 사방 백 리가 되는 것이 다섯이나 됩니다. 당신 생각에 천자가 나타나면 노나라의 땅을 줄일 것 같습니까, 늘일 것 같습니까? 그냥 저쪽 땅을 뺏어서 이쪽에 주는 것도 어진 사람은 하지 않는데, 어떻게 사람을 죽여서 땅을 늘리려 할 수 있습니까? 군자가 군주를 섬기는 도리는 자신의 군주를 바른길로 가게 하는데 애를 쓰고, 어진 일에 뜻을 두도록 해야 할 따름입니다."

[語釋]

*신자(愼子) : 노(魯)나라 법가(法家)의 한 사람. *교민(敎民) : 백성들을 가르침.

*발연(勃然) : 발끈해서 안색(顔色)이 달라짐. *골리(滑釐) : 신자(愼子)의 이름.

*종묘지전적(宗廟之典籍) : 제사(祭祀) 등 국가적인 의례(儀禮)에 관한 것이 수록된 문헌(文獻). *검(儉) : 여기에서는 아낀다는 뜻. *도(徒) : 여기에서는 '그냥, 다만' 등의 뜻. *연의(然且) : 그렇다고 하더라도 장차. *당도(當道) : 일을 도리에 맞게 하다. *지인(志仁) : 인자(仁慈)함을 간직하거나 인도(仁道)에 뜻을 두는 것.

[大意]

 전쟁의 불필요함과 인의만이 삶을 평화로 이끄는 지름길임을 말하고 있다. 노나라에서는 부국강병(富國强兵)의 논리를 펴는 법가의 한 사람인 신자를 장군의 자리에 앉히려고 했다. 이에 맹자는 인의(仁義)의 도리를 가르치지도 않고 백성을 전쟁터로 보내는 것은 군주의 도리가 아니라고 주장하고, 그런 군주에 영합하는 신자의 행동은 신하의 도리가 아니라고 지적했다.

제9장

孟子曰 今之事君者曰 我能爲君辟土地 充府庫 今之所謂
맹자왈 금지사군자왈 아능위군벽토지 충부고 금지소위

良臣 古之所謂民賊也 君不鄕道 不志於仁 而求富之 是富
량신 고지소위민적야 군불향도 불지어인 이구부지 시부

桀也 我能爲君約與國 戰必克 今之所謂良臣 古之所謂民
걸야 아능위군약여국 전필극 금지소위량신 고지소위민

賊也 君不鄕道 不志於仁 而求爲之强戰 是輔桀也 由今之
적야 군불향도 불지어인 이구위지강전 시보걸야 유금지

道 無變今之俗 雖與之天下 不能一朝居也
도 무변금지속 수여지천하 불능일조거야

맹자가 말했다. "요즈음 군주를 섬기는 사람들은 모두가 '나는 군주를 위해 땅을 넓히고 창고를 가득 채울 수 있다.'고 한다. 요즈음 말하는 좋은 신하는 옛날로 말하면 백성을 해치는 사람들이다. 군주가 바른 도리를 따르지 않고 인자한 것에 뜻을 두지 않는데도 그를 부유하게 해주는 것은 폭군인 걸을 부유하게 해주는 것과 같다. 또 '나는 군주를 위해서 동맹국과 맹약을 해서 전쟁을 하면 반드시 이길 수 있다.'고 하는데, 요즈음 말하는 좋은 신하는 옛날로 말하면 백성을 해치는 사람들이다. 군주가 바른 도리를 따르지 않고 인자한 것에 뜻을 두지 않는데도 군주를 위해서 무리하게 전쟁을 하는 것은 폭군인 걸을 돕는 것과 같다. 요즈음의 도를 실행해서 요즈음의 풍속을 바꾸지 않는다면, 비록 천하를 준다고 해도 하루도 그 자리를 지킬 수 없을 것이다."

[語釋]

*부고(府庫) : 나라의 재물을 보관하는 창고. *민적(民賊) : 백성을 해치는 사람. *향(鄕) : 향(嚮)이나 향(向)과 같다. 향하다. *여국(與國) : 우호국(友好國)이나 동맹국(同盟國). *속(俗) : 풍속(風俗). *여(與) : 여기에서는 '주다'의 뜻. *거(居) : 군주의 자리에 있는 것.

[大意]

신하가 해야 할 도리가 무엇인가를 밝혔다.

이 장에서는 맹자가 주장하는 인의의 도리를 무시하고 오직 군주의 이익만을 위해서 일하는 신하들을 비판했다. 그들은 주로 당시의 법가와 종횡가의 사람들로서 모두 군주의 권력과 부유함만을 위해서 일하던 직업적인 관료들이다.

그들은 군주로 하여금 백성을 위하는 바른 정치를 하게 하지 않고 오직 군주를 부유하게 만들고 무위를 떨치게 하는데 온 힘을 쏟았으니, 이들을 맹자는 백성을 해치는 민적이라고 한 것이다.

제10장

白圭曰 吾欲二十而取一 何如 孟子曰 子之道 貉道也 萬
백규왈 오욕이십이취일 하여 맹자왈 자지도 맥도야 만

室之國 一人陶 則可乎 曰 不可 器不足用也 曰 夫貉 五穀
실지국 일인도 즉가호 왈 불가 기불족용야 왈 부맥 오곡

不生 惟黍生之 無城郭 宮室 宗廟 祭祀之禮 無諸侯幣帛
불생 유서생지 무성곽 궁실 종묘 제사지례 무제후폐백

饔飧 無百官有司 故二十取一而足也 今居中國 去人倫 無
옹손 무백관유사 고이십취일이족야 금거중국 거인륜 무

君子 如之何其可也 陶以寡 且不可以為國 況無君子乎 欲
군자 여지하기가야 도이과 차불가이위국 황무군자호 욕

輕之於堯舜之道者 大貉小貉也 欲重之於堯舜之道者 大
경지어요순지도자 대맥소맥야 욕중지어요순지도자 대

桀小桀也
걸소걸야

백규가 물었다. "나는 20분의 1의 세금을 거두려고 하는데 어떻겠습니까?" 맹자가 대답했다. "당신의 방법은 북쪽 오랑캐 맥(貊)의 방법입니다. 만 가구가 사는 나라에 한 사람이 질그릇을 구우면 되겠습니까?" 백규가 말했다. "안 됩니다. 쓰기에 그릇이 부족합니다." 맹자가 말했다. "맥에서는 오곡이 나지 않고 오직

수수만 납니다. 성곽과 집이 없고, 종묘와 제사지내는 예법이 없으며, 제후가 주고받는 예물이나 손님을 접대하는 일도 없으며, 백관과 유사도 없기 때문에 20분의 1의 세금을 받아도 충분한 것입니다. 지금 중국에 살면서 인륜을 버리고 백관과 유사도 없다면 어떻게 옳다고 하겠습니까? 질그릇을 굽는 사람이 적은 것으로도 나라를 다스릴 수 없는데, 하물며 백관과 유사가 없으면 어떻게 되겠습니까? 요순이 시행한 방법보다 가볍게 세금을 거두려는 것은 대맥이나 소맥이고, 요순이 시행한 방법보다 무겁게 세금을 거두려는 것은 대걸이나 소걸일 것입니다."

[語釋]

*백규(白圭) : 주(周)나라 사람, 자세한 것은 기록에 없음. *이십이취일(二十而取一) : 20분의 1의 조세(租稅). *맥(貉) : 맥(貊)과 같고, 중국 동북방에 있던 동이족(東夷族)을 말한다. *도(陶) : 질그릇을 굽는 것을 뜻한다. *옹손(饔飱) : 아침밥과 저녁밥, 여기에서는 손님에게 음식을 대접하는 것. *거인륜(去人倫) : 군신관계(君臣關係)와 제사, 교제하는 예의가 없거나 무시하는 것. *무군자(無君子) : 백관유사(百官有司)가 없는 것. *도(道) : 方法. 여기에서는 조세법(租稅法).

[大意]

당시의 조세법에 대하여 말했다.

맹자가 이상적으로 생각한 조세법은 십분의 일을 거두는 것이다. 그러나 백규라는 인물이 세금을 더 경감해서 20분의 일을 거두면 어떻겠느냐고 묻자, 그것은 맥처럼 문물제도나 관리 체계가 잡히지 않은 나라의 일이고, 가혹하게 거두는 세금도 문제지만 나라를 잘 다스리기 위해서는 적당한 세금을 거두는 것이 좋다고 주장한 것이다.

제11장

> 白圭曰 丹之治水也愈於禹 孟子曰 子過矣 禹之治水 水之
> 백규왈 단지치수야유어우 맹자왈 자과의 우지치수 수지
>
> 道也 是故禹以四海爲壑 今吾子以鄰國爲壑 水逆行 謂之
> 도야 시고우이사해위학 금오자이린국위학 수역행 위지
>
> 洚水 洚水者 洪水也 仁人之所惡也 吾子過矣
> 홍수 홍수자 홍수야 인인지소악야 오자과의

백규가 말했다. "내가 치수한 것은 우임금의 치수보다 낫습니다." 맹자가 말했다. "당신이 잘못 생각한 것입니다. 우임금의 치수는 물을 제 본성대로 흐르게 한 것입니다. 따라서 우임금은 사방의 바다를 흐르는 물이 고이는 곳으로 삼았습니다. 그러나 지금 당신은 이웃나라를 흐르는 물이 고이는 곳으로 삼고 있습니다. 물이 거꾸로 흐르는 것이 홍수이니, 홍수란 곧 큰 물이 난 것으로 어진 사람들이 싫어하는 것입니다. 그러므로 당신이 잘못된 것입니다."

[語釋]

*단(丹) : 백규의 이름. *우(禹) : 하(夏)나라 왕. 유가(儒家)에서 받드는 삼왕(三王) 중 한 사람. *수지도(水之道) : 물이 낮은 데로 흐르는 성질.

[大意]
 백규가 자신의 치수 방법을 자랑하자, 맹자가 우임금의 치수 방법을 비유하며 진정한 치수가 무엇인지 말하고 있다.

제12장

> 孟子曰 君子不亮 惡乎執
> 맹자왈 군자불량 악호집

 맹자가 말했다. "군자가 신의를 지키지 않는다면, 무엇을 잡을 것인가?"

[語釋]

*량(亮) : 진실(眞實). 신의(信義). 소신(小信). *오(惡) : 여기에서는 '무엇, 어찌'라는 뜻.

[大意]

 사람은 신의를 지키는 것이 도리이니 신의가 없는 군자는 없다는 말로, 확고한 신의를 가져야 군자라고 할 수 있다는 말이다.
 또는 량(亮)을 소신(小信)으로 풀이해서 '군자는 융통성 없이 소신에 구애받지 않으니, 어찌 한 가지 일에만 집착하랴?'의 뜻으로 해석하기도 한다.

제13장

魯欲使樂正子爲政 孟子曰 吾聞之 喜而不寐 公孫丑曰 樂
노욕사악정자위정 맹자왈 오문지 희이불매 공손추왈 악

正子强乎 曰 否 有知慮乎 曰 否 多聞識乎 曰 否 然則奚爲
정자강호 왈 부 유지려호 왈 부 다문식호 왈 부 연즉해위

喜而不寐 曰 其爲人也好善 好善足乎 曰 好善優於天下
희이불매 왈 기위인야호선 호선족호 왈 호선우어천하

而況魯國乎 夫苟好善 則四海之內 皆將輕千里而來告之
이황로국호 부구호선 즉사해지내 개장경천리이래고지

以善 夫苟不好善 則人將曰 訑訑 予旣已知之矣 訑訑之聲
이선 부구불호선 즉인장왈 이이 여기이지지의 이이지성

音顔色 距人於千里之外 士止於千里之外 則讒諂面諛之
음안색 거인어천리지외 사지어천리지외 즉참첨면유지

人至矣 與讒諂面諛之人居 國欲治 可得乎
인지의 여참첨면유지인거 국욕치 가득호

노나라에서 악정자에게 정치를 맡기려고 하자, 맹자가 말했다. "나는 그 말을 듣고 기뻐서 잠이 오지 않았다." 공손추가 물었다. "악정자는 힘이 센 사람입니까?" 맹자가 대답했다. "그렇지 않다." 또 "지혜롭고 생각이 깊은 사람입니까?" 물으니, 맹자가 "그렇지 않다."고 했다. 또 "견문이 많습니까?" 하니, "그렇지 않다."

고 대답했다. 공손추가 "그렇다면 무엇 때문에 기뻐서 잠이 오지 않았습니까?" 하고 묻자, 맹자가 "그의 사람됨이 선한 것을 좋아하기 때문이다."고 말했다. 공손추가 "선한 것을 좋아하는 것으로 충분합니까?" 하고 묻자, 맹자가 "선한 것을 좋아하면 천하를 다스려도 충분한데 노나라쯤이야 말할 필요 있느냐? 진실로 선한 것을 좋아하면 천하 사람들이 천 리를 멀다 하지 않고 찾아와서 선한 것을 일러 줄 것이다. 그러나 만약에 선한 것을 좋아하지 않는다면 사람들이 '잘난 체하더니, 나는 벌써부터 알아봤다.'고 할 것이다. 이런 잘난 체하는 말과 표정은 사람들을 천 리 밖으로 물러나게 한다. 선비들이 천 리 밖에 있으면 참소하고 아첨하는 사람들만 모여든다. 참소하고 아첨하는 사람들과 같이 있으면서 나라가 잘 다스려지기를 바란들 어떻게 그것이 가능하겠는가?"

[語釋]
*위정(爲政) : 정치를 담당하게 하다. *매(寐) : 잠자다. *이이(訑訑) : 잘난 체 또는 똑똑한 체 하는 모양. *거(距) : 거리(距離). 거리가 떨어짐을 말한다. *참첨면유(讒諂面諛) : 참소(讒訴)하고 아첨(阿諂)하는 것.

[大意]
아끼는 제자 악정자가 노나라의 재상이 되어서 나랏일을 보게 된다는 소문을 듣고 맹자가 기뻐서 잠이 안 온다고 하자, 공손추가 악정자의 사람됨이 도대체 어떻기에 그러느냐고 묻자, 맹자는 오직 악정자의 사람됨이 선하기 때문이라고 말했다. 진실로 선하

면 모든 선비들이 스스로 먼 길을 찾아와서 좋은 말을 조언해 주기도 하고, 그러면서 자연히 도덕적인 정치가 베풀어진다는 말이다.

제14장

> 陳子曰 古之君子何如則仕 孟子曰 所就三 所去三 迎之致
> 진자왈 고지군자하여즉사 맹자왈 소취삼 소거삼 영지치
> 敬以有禮 言將行其言也 則就之 禮貌未衰 言弗行也 則去
> 경이유례 언장행기언야 즉취지 예모미쇠 언불행야 즉거
> 之 其次 雖未行其言也 迎之致敬以有禮 則就之 禮貌衰
> 지 기차 수미행기언야 영지치경이유례 즉취지 예모쇠
> 則去之 其下 朝不食 夕不食 飢餓不能出門戶 君聞之曰
> 즉거지 기하 조불식 석불식 기아불능출문호 군문지왈
> 吾大者不能行其道 又不能從其言也 使飢餓於我土地 吾
> 오대자불능행기도 우불능종기언야 사기아어아토지 오
> 恥之 周之 亦可受也 免死而已矣
> 치지 주지 역가수야 면사이이의

진자가 물었다. "옛날의 군자는 어떤 경우에 벼슬을 했습니까?" 맹자가 대답했다. "벼슬하러 나아가는 경우가 세 가지가 있고, 벼슬에서 물러나는 경우가 세 가지 있었다. 자신을 공경하고 예의를 다하여 맞이하고 자신의 말대로 실행하겠다고 하면 벼슬하러 나아갔고, 예의로 대하는 태도는 변함이 없더라도 자신의 말대로 실행하지 않으면 벼슬에서 물러났다. 다음은 비록 자신의 말대로 실행하지는 않더라도 공경을 다하고 예로써 맞이하면 벼

슬하러 나아갔고, 예의로 대하는 태도가 전보다 못하면 벼슬에서 물러났다. 끝으로 아침에도 굶고 저녁에도 굶어서 집밖으로 나갈 수가 없는데, 군주가 듣고서 '내가 비록 크게는 그의 도를 실행하지 못하고 작게는 그의 말대로 하지 못하지만, 내 땅에서 굶주리게 한다는 것은 부끄러운 일이다.'고 하면서 구제해 주는 경우에는 벼슬을 해도 좋지만, 그러나 굶어 죽는 것을 면할 만큼에서 그쳐야 한다."

[語釋]

*진자(陣子) : 맹자의 제자. *영(迎) : 영접(迎接). 여기에서는 맞이한다는 뜻 보다 대접(待接)한다는 뜻. *주(周) : 진휼(賑恤). 동정하여 구휼(救恤)하는 것.

[大意]

  벼슬에 나아가는 경우와 물러나는 경우에 대해서 말했다.

  군자가 군주의 밑에서 벼슬을 해도 좋은 경우와 해서는 안 되는 경우를 셋으로 나누어 논하면서 진정한 군자라면 그런 경우에 어떻게 처신해야 되는가를 강조했다.

제15장

> 孟子曰 舜發於畎畝之中 傳說舉於版築之間 膠鬲舉於魚
> 맹자왈 순발어견무지중 부열거어판축지간 교력거어어
> 鹽之中 管夷吾舉於士 孫叔敖舉於海 百里奚舉於市 故天
> 염지중 관이오거어사 손숙오거어해 백리해거어시 고천
> 將降大任於是人也 必先苦其心志 勞其筋骨 餓其體膚 空
> 장강대임어시인야 필선고기심지 노기저골 아기체부 공
> 乏其身 行拂亂其所爲 所以動心忍性 曾益其所不能 人恒
> 핍기신 행불란기소위 소이동심인성 증익기소불능 인항
> 過 然後能改 困於心 衡於慮 而後作 徵於色 發於聲 而後
> 과 연후능개 곤어심 형어려 이후작 징어색 발어성 이후
> 喻 入則無法家拂士 出則無敵國外患者 國恒亡 然後知生
> 유 입즉무법가필사 출즉무적국외환자 국항망 연후지생
> 於憂患而死於安樂也
> 어우환이사어안락야

맹자가 말했다. "순임금은 농사짓다가 등용되었고, 부열은 성벽을 쌓다가 등용되었으며, 요격은 생선과 소금을 팔다가 등용되었고, 관이오는 옥리에게 잡혀 있다가 등용되었으며, 손숙오는 바닷가에서 등용되었고, 백리해는 시장에서 등용되었다. 그래서 하늘이 이런 사람들에게 장차 큰 임무를 내릴 때에는 반드시 그들

의 마음을 괴롭히고 그들의 근골을 힘들게 하며, 그들의 육체를 굶주리게 하고 그들의 생활을 궁핍하게 하며, 그들이 하는 일이 실패해서 어긋나도록 한다. 이것은 그렇게 함으로써 마음을 분발하게 하고 참을성을 길러서 그들이 할 수 없었던 일을 할 수 있게 해 주기 위해서다. 대체로 사람은 잘못을 저지르고 나서 고칠 수 있고, 마음속으로 번민을 하고 이런저런 생각을 하고 나서 분발하며, 표정에 나타나고 말로 나와야 깨닫게 된다. 안으로 법도가 있는 가문과 보필하는 선비가 없고, 밖으로 대적하는 나라와 외환이 없는 나라는 언제나 망한다. 그렇게 된 뒤에 우환 속에서는 살 수 있지만 안락 속에서는 망한다는 것을 알게 된다."

[語釋]

*발(發) : 발분하여 몸을 세우는 것으로, 정사(政事)에 등용(登用)되는 것. *부열(傅說) : 은(殷)나라 사람. 고종(高宗)에게 등용된 신하. *판축(版築) : 版은 판(板), 성벽이나 제방을 쌓는데 쓰며, 版築은 공사판을 말한다. *요격(膠鬲) : 전설 속 은나라 말 혼란기의 인물. 어시장(魚市場)에서 등용되었다고 하나, 자세한 것은 불명. *관이오(管夷吾) : 관중(管仲)을 이름. *손숙오(孫叔敖) : 바닷가에서 초장왕(楚莊王)에 의해 등용됨. *사(士) : 여기에서는 옥리(獄吏)를 말함. *공핍(空乏) : 궁핍(窮乏). *불(拂) : 거스르다. 배반하여 어긋나다. *法家(법가) : 법도(法度)를 잘 지키는 가문. *필(拂) : 필(弼), 보필(輔弼)의 뜻. 임금을 충심(衷心)으로 보필함.

[大意]

하늘이 큰 인물을 내기 전에 그 사람으로 하여금 겪게 하는 시련에 대해서 설명했다.

　사람은 누구나 잘못을 저지르고 나서 그것을 깨달으며 고치게 되고, 고난을 겪어봐야 그것을 극복할 줄 알게 된다.

제16장

孟子曰 教亦多術矣 予不屑之教誨也者 是亦教誨之而已矣
맹자왈 교역다술의 여불설지교회야자 시역교회지이이의

맹자가 말했다. "가르치는 데에도 많은 방법이 있다. 내가 탐탁하게 여기지 않아서 가르치지 않는 것도 역시 가르치는 것이다."

[語釋]

*술(術) : 방법(方法). 기술(技術). *설(屑) : 달갑게 여기다. 흡족해 하다. 중히 여기다. 수고하다. 애쓰다.

[大意]

가르치기를 거절하는 것도 하나의 가르침이라는 말은 모순되는 것 같지만, 가르치는 상대에 따라서 상대가 원한다고 해도 거절할 수 있다. 이런 경우는 배우려는 자세에 대해서 반성하게 하는 것이니, 가르치기를 거절하는 것도 가르침이 된다는 말이다.

제13편

진심(盡心) 上

제1장

> 孟子曰 盡其心者 知其性也 知其性 則知天矣 存其心 養
> 맹자왈 진기심자 지기성야 지기성 즉지천의 존기심 양
>
> 其性 所以事天也 殀壽不貳 修身以俟之 所以立命也
> 기성 소이사천야 요수불이 수신이사지 소이립명야

　맹자가 말했다. "그 마음을 다하는 사람은 그 본성을 깨닫게 되고, 그 본성을 깨달으면 하늘을 깨닫게 된다. 그 마음을 보존하고 그 본성을 기르는 것이 곧 하늘을 섬기는 도리이다. 일찍 죽고 오래 사는 것에 개의치 않고 자신의 몸을 수양하여 하늘의 뜻을 기다리는 것이 하늘의 뜻에 따르는 도리이다."

[語釋]

*존(存) : 여기에서는 꼭 붙잡아 놓치거나 버리지 않는다는 말. *양(養) : 여기에서는 순리대로 좇아 해치지 않는다는 말. *사(事) : 여기에서는 받들어 어기지 않음, 즉 섬긴다는 말. *요(殀) : 요절(夭折). 일찍 죽다. *불이(不貳) : 두 마음을 품지 않는 것, 즉 의심하지 않다. *사지(俟之) : 俟는 대(待), 따라서 俟之는 기다린다는 말. *입명(立命) : 천명(天命)에 따름, 또는 천명을 지킨다는 뜻.

[大意]

　사람의 심성(心性)과 천명(天命)과의 관계에 대해서 말했다.

본성이 선하다는 것을 발현하여 수양하면 하늘의 뜻을 알게 된다는 말이다.

제2장

> 孟子曰 莫非命也 順受其正 是故知命者 不立乎巖牆之下
> 맹자왈 막비명야 순수기정 시고지명자 불립호암장지하
> 盡其道而死者 正命也 桎梏死者 非正命也
> 진기도이사자 정명야 질곡사자 비정명야

　맹자가 말했다. "어느 것이나 천명이 아닌 것이 없지만, 그 중에서 바른 것을 순리로 받아들여야 한다. 그러므로 천명을 헤아리는 사람은 위험한 담벼락 밑에 서지 않는다. 해야 할 도리를 다하고 죽는 것은 천명을 올바르게 받아들인 것이고, 죄를 짓고 벌을 받아 죽는 것은 천명을 올바르게 받아들인 것이 아니다."

[語釋]
*정(正) : 정명(正命)으로, 올바른 천명(天命)을 말한다. *암장(巖牆) : 巖은 가파르거나 위태롭다는 뜻, 따라서 巖牆은 무너질 위험이 있는 담벼락을 말한다. *질곡사(桎梏死) : 桎은 발에 차는 족쇄, 梏은 수갑(手匣), 따라서 桎梏死는 죄를 짓고 벌을 받아 죽는 것을 말한다.

[大意]
　사람이 순리대로 살다가 죽는 것을 정명(正命)이라고 하고, 이것은 바로 천명(天命)을 말한다. 순리대로 살지 않으면 질곡사로 죽

을 수도 있으니, 그것은 바로 선한 본성을 버리고 잘못을 저지르는 탓이라는 말이다.

제3장

> 孟子曰 求則得之 舍則失之 是求有益於得也 求在我者也
> 맹자왈 구즉득지 사즉실지 시구유익어득야 구재아자야
>
> 求之有道 得之有命 是求無益於得也 求在外者也
> 구지유도 득지유명 시구무익어득야 구재외자야

맹자가 말했다. "구하면 얻고 내버려두면 잃게 되니, 그 구하는 것이 얻는 데에는 유익하다. 그것은 구하는 것이 내 본성 안에 있기 때문이다. 구하는 데에 방법이 있고 얻는 데에 운명이 있으니, 그 구하는 것이 얻는 데에는 무익하다. 그것은 그 구하는 것이 밖에 있기 때문이다."

[語釋]

*재아자(在我者) : 심성(心性)에 들어 있는 인의예지(仁義禮智)의 도덕심. *재외자(在外者) : 도덕심을 방해하는 부귀영화.

[大意]

명예나 권력이나 부유함 같은 것은 밖에서 주어지는 것으로, 본래부터 안에 가지고 있는 선한 본성을 닦고 길러서 도덕심을 갖추는 것보다 더 유익한 것은 없고, 인의예지의 덕성을 쌓느냐 그렇지 않느냐는 자신의 의지와 노력에 달려 있다는 말이다.

제4장

> 孟子曰 萬物皆備於我矣 反身而誠 樂莫大焉 強恕而行 求
> 맹 자 왈 만 물 개 비 어 아 의 반 신 이 성 낙 막 대 언 강 서 이 행 구
> 仁莫近焉
> 인 막 근 언

맹자가 말했다. "만물의 이치가 모두 자신에게 갖추어져 있으니, 자신을 반성하여 성실하게 하는 것보다 더한 즐거움은 없다. 인(仁)을 얻는 데에는 자신을 헤아려서 남을 생각하기를 애써 실천하는 것보다 더 가까운 것은 없다."

[語釋]

*서(恕) : 자신을 헤아려서 다른 사람에게 미치는 것. *막근(莫近) : 보다 더 가까운 것이 없다는 말.

[大意]

자신의 입장에서 남을 생각하는 마음에 대해서 말했으니, 자신을 반성하는 성실함으로 자신의 마음이 원하는 것처럼 남을 대하는 것이 인(仁)을 구하는 태도라는 것이다.

제5장

> 孟子曰 行之而不著焉 習矣而不察焉 終身由之而不知其
> 맹자왈 행지이불저언 습의이불찰언 종신유지이불지기
> 道者 眾也
> 도자 중야

맹자가 말했다. "도를 실천하고 있으면서도 왜 그러는지 분명하게 알지 못하고, 익숙해져 있는데도 자세하게 분별하지 못하며, 죽을 때까지 거기에 따르면서도 도를 알지 못하는 사람이 많다."

[語釋]

*행지(行之) : 之는 '도(道)', 도를 실천하다. *저(著) : 여기에서는 도(道)를 분명하게 밝히는 것을 말함. *찰(察) : 면밀(綿密)하게 판별(判別)하는 것을 말함. *유(由) : 여기에서는 '따르다'의 뜻.

[大意]

사람의 타고난 본성에 대한 이해와 자각에 대해서 말했다.

사람이 가지고 태어난 착한 본성이 바로 도이고, 그것은 늘 가까이 있으며 사람의 내면에 함께 하는 것인데, 그 도의 이치를 알지 못하는 사람이 많다는 말이다.

제6장

> 孟子曰 人不可以無恥 無恥之恥 無恥矣
> 맹 자 왈 인 불 가 이 무 치 무 치 지 치 무 치 의

맹자가 말했다. "사람은 부끄러워하는 마음이 없으면 안 된다. 부끄러워하는 마음이 없는 것을 부끄럽게 여기게 되면 부끄러워할 것이 없게 된다."

[語釋]

*무치(無恥) : 도리에 어긋나는 것을 수치로 여기지 않는 것, 한 마디로 염치가 없다는 말.

[大意]

부끄러워하는 마음이 없는 것은 옳고 그른 것에 대한 판단이 없는 것과 같다. 맹자는 이러한 판단에 의해서 생기는 부끄러움이 곧 사람을 도덕적으로 완성해서 더 이상 부끄러움이 없는 인격체로 만드는 시작이라는 것을 강조했다.

제7장

> 孟子曰 恥之於人大矣 爲機變之巧者 無所用恥焉 不恥不若人 何若人有
> 맹 자 왈 치 지 어 인 대 의 위 기 변 지 교 자 무 소 용 치 언 불 치 불 약 인 하 약 인 유

맹자가 말했다. "부끄러워하는 것은 사람에게 있어서 중요한 것이다. 임기응변으로 기교를 부리는 사람은 부끄러움을 쓸 데가 없다. 부끄럽지 않은 것이 남과 같지 않다면, 무엇이 남과 같다고 하겠는가?"

[語釋]
*대(大) : 여기에서는 중대(重大), 중요(重要)이다. *기변(機變) : 임기응변(臨機應變)의 줄인 말. 임시변통(臨時變通). *하약인유(何若人有) : 어찌 남과 같은 점(사람다운 점)이 있다 할 것인가?

[大意]
임시변통으로 그때그때의 상황에 따라서 기교를 부리며 부끄러움을 모르고 살아가는 사람들에게 경고하는 말이다.

제8장

> 孟子曰 古之賢王好善而忘勢 古之賢士何獨不然 樂其道
> 맹자왈 고지현왕호선이망세 고지현사하독불연 낙기도
> 而忘人之勢 故王公不致敬盡禮 則不得亟見之 見且由不
> 이망인지세 고왕공불치경진예 즉부득극견지 견차유불
> 得亟 而況得而臣之乎
> 득극 이황득이신지호

 맹자가 말했다. "옛날의 어진 군주는 선한 것을 좋아하여 권세 따위는 염두에 두지 않았다. 옛날의 어진 선비인들 어찌 그러지 않았겠는가? 그들은 자신의 도를 즐기면서 남의 권세 따위는 염두에 두지 않았다. 그러므로 왕이나 귀족이라도 공경과 예의를 다하지 않으면 그들을 자주 만날 수 없었다. 만나는 것조차 자주 할 수 없었는데, 하물며 그들을 신하로 삼을 수가 있었겠는가?"

[語釋]

*망인지세(忘人之勢) : 다른 사람의 세력 따위를 잊어버리는 것, 즉 생각하지 않았다는 말. *기(亟) : 삭(數). 자주. *유(由) : 여기에서는 '오히려'의 뜻.

[大意]

 권세나 부귀도 도를 즐기는 사람의 마음을 움직일 수 없으니,

어진 군주는 유덕한 인물을 존경하여 자신을 굽히고, 어진 선비 역시 권세를 좇아 자신의 도를 버리지 않는다는 말이다.

제9장

孟子謂宋句踐曰 子好遊乎 吾語子遊 人知之 亦囂囂 人不
맹자위송구천왈 자호유호 오어자유 인지지 역효효 인불

知 亦囂囂 曰 何如斯可以囂囂矣 曰 尊德樂義 則可以囂
지 역효효 왈 하여사가이효효의 왈 존덕락의 즉가이효

囂矣 故士窮不失義 達不離道 窮不失義 故士得己焉 達不
효의 고사궁불실의 달불리도 궁불실의 고사득기언 달불

離道 故民不失望焉 古之人 得志 澤加於民 不得志 脩身
리도 고민불실망언 고지인 득지 택가어민 부득지 수신

見於世 窮則獨善其身 達則兼善天下
현어세 궁즉독선기신 달즉겸선천하

맹자가 송구천에게 말했다. "당신은 유세를 좋아합니까? 내가 당신에게 유세에 대해서 말하겠습니다. 유세는 자신이 하는 말을 남들이 알아주어도 태연해야 하는 것이고, 자신이 하는 말을 남들이 알아주지 않아도 태연해야 합니다." 송구천이 물었다. "어떻게 하면 태연할 수 있습니까?" 맹자가 대답했다. "덕을 존중하고 의리를 즐기면 됩니다. 따라서 선비는 가난해도 의리를 잃지 말고, 출세해도 도를 지켜야 합니다. 가난해도 의리를 잃지 않아야 선비는 자신의 본성을 보존하게 되고, 출세해도 도에서 벗어나지 않아야 사람들이 실망하지 않게 됩니다. 옛날 사람들은 뜻을 이루면 그 은택이 백성에게 미쳤고, 그 뜻을 이루지 못하면 스스로 수양해서 세상에 드러나게 했습니다. 가난해지면 자신을 선하게 해 나갔고, 출세하면 천하를 함께 선하게 해 나갔던 것입니다."

[語釋]

*송구천(宋句踐) : 맹자와 같은 시대 사람으로, 도덕을 내세워 유세(遊說)하고 다닌 사람. *효효(嚻嚻) : 嚻는 한가한 모양, 따라서 嚻嚻는 태연자약(泰然自若)한 모양을 말함. *인지지(人知之) : 人은 당시의 제후들을 말하고, 之는 지시대명사로 여기에서는 '남들이 자기가 하는 말을 알아주는 것'을 말한다. *사(斯) : 여기에서는 즉(則)과 같은 뜻. *가이(可以) : ~할 만 하다. *달(達) : 영달(榮達). 출세(出世). *득기(得己) : 본성(本性)을 본바탕 그대로 유지(維持)하는 것. *택(澤) : 은택(恩澤). *현(見) : 나타나다. 드러나다.

[大意]

맹자가 유세가인 송구천에게 진정한 유세가 어떤 것인가에 대해서 말하고 있다.

진정한 유세가는 자신이 하는 말을 남들이 알아주어도 태연해야 하고 알아주지 않아도 태연해야 하며, 부귀빈천에 동요하면 안 되고, 어진 선비의 도를 길러 세상에 드러내야 한다고 했다.

제10장

孟子曰 待文王而後興者 凡民也 若夫豪傑之士 雖無文王
맹자왈 대문왕이후흥자 범민야 약부호걸지사 수무문왕
猶興
유흥

맹자가 말했다. "문왕 같은 군주가 세상에 나온 뒤에야 분발하여 일어나는 사람은 평범한 사람이다. 재주와 지혜가 뛰어난 사람은 비록 문왕 같은 군주가 나타나지 않아도 스스로 분발해서 일어날 수 있다."

[語釋]
*흥(興) : 감동하여 분발함. *약부(若夫) : 만일에 저 ~. *유(猶) : 마찬가지로.

[大意]
평범한 사람들은 문왕 같은 성군들의 감화를 받아야 도덕성에 대한 깨달음과 그것을 실천하려는 노력을 하게 되고, 뛰어난 사람은 감화가 없어도 스스로 깨달아 실행하게 된다는 말이다.

제11장

> 孟子曰 附之以韓魏之家 如其自視欿然 則過人遠矣
> 맹자왈 부지이한위지가   여기자시감연 즉과인원의

맹자가 말했다. "한씨나 위씨 가문의 권세와 부를 준다고 해도 스스로 만족하지 못하다면, 그는 보통사람보다 월등하게 뛰어난 사람이다."

[語釋]

*부(附) : 주어서 보태다. *한위(韓魏) : 한 씨와 위 씨 모두 진(晉)나라의 경(卿)벼슬을 지낸 부호의 집안임. *감연(欿然) : 欿은 '서운하다, 시름겹다'의 뜻, 따라서 欿然은 스스로 만족하지 않음을 말함.

[大意]

사람의 됨됨이에 대해서 논했는데, 세속의 물질적인 것을 떠나서 마음에 있는 심성이 중요하다는 말이다.

제12장

> 孟子曰 以佚道使民 雖勞不怨 以生道殺民 雖死不怨殺者
> 맹 자 왈 이 일 도 사 민 수 노 불 원   이 생 도 살 민 수 사 불 원 살 자

맹자가 말했다. "편안하게 해주려고 하는 목적으로 백성들을 부리면 비록 힘이 들지라도 원망하지 않을 것이고, 살리기 위한 목적으로 백성들을 죽이면 비록 죽게 될지라도 죽인 사람을 원망하지 않을 것이다."

[語釋]
*일도(佚道) : 佚은 일(逸)과 같아서 편안함이니, 佚道는 편안하게 해 주는 길 또는 방법을 말한다. *생도(生道) : 살려주는 길이나 방법을 말한다.

[大意]
나라를 다스리는 사람이 정당한 도리를 좇으면 이에 따르지 않는 백성이 없다는 말이다.

제13장

> 孟子曰 霸者之民 驩虞如也 王者之民 皡皡如也 殺之而
> 맹자왈 패자지민 환우여야 왕자지민 호호여야 살지이
>
> 不怨 利之而不庸 民日遷善而不知爲之者 夫君子所過
> 불원 이지이불용 민일천선이부지위지자 부군자소과
>
> 者化 所存者神 上下與天地同流 豈曰小補之哉
> 자화 소존자신 상하여천지동류 기왈소보지재

맹자가 말했다. "패도정치를 하는 군주의 백성은 기뻐하지만, 왕도정치를 하는 군주의 백성은 대범하고 여유가 있다. 그래서 죽여도 원망하지 않고 이롭게 해도 군주의 공으로 여기지 않는다. 백성들은 나날이 선하게 되지만 누가 그렇게 하는지도 모른다. 대체로 군자가 가는 곳의 백성은 교화되고, 그가 머무는 곳은 잘 다스려진다. 위아래가 모두 천지와 더불어 움직임을 같이 하는데 어찌 군자의 보탬이 적다고 하겠는가?"

[語釋]

*환우여(驩虞如) : 驩虞는 환오(歡娛)와 같아서, 기뻐 날뛰는 모양을 뜻함. *皡皡(호호) : 도량이 넓고 여유 있음. *용(庸) : 공적. 공로. *신(神) : 여기에서는 '다스리다'의 뜻.

[大意]

　왕도정치에 대해서 말했다. 겉으로는 비슷한 것 같지만 힘에 의한 패도정치와 도덕적인 왕도정치는 그 동기가 다르다는 것을 설명했다.

제14장

> 孟子曰 仁言 不如仁聲之入人深也 善政 不如善教之得民
> 맹자왈 인언 불여인성지입인심야 선정 불여선교지득민
> 也 善政民畏之 善教民愛之 善政得民財 善教得民心
> 야 선정민외지 선교민애지 선정득민재 선교득민심

맹자가 말했다. "인자한 말은 인자하다는 소문이 백성들한테 깊이 스며드는 것보다는 못하고, 좋은 정치는 좋은 가르침으로 백성들의 마음을 얻는 것보다는 못하다. 좋은 정치는 백성들이 두려워하고, 좋은 가르침은 백성들이 사랑한다. 좋은 정치는 백성들의 재산을 얻고, 좋은 가르침은 백성의 마음을 얻는다."

[語釋]

*인언(仁言) : 어질고 덕 있는 말을 해주는 것. *인성(仁聲) : 聲은 명예나 평판, 仁聲이란 인문(仁聞)으로 인자하다는 소문. *선정(善政) : 백성들로 하여금 법을 지키도록 하고 조세(租稅)를 게을리 하지 않도록 함을 말한다. *선교(善敎) : 좋은 풍속을 가르쳐서 스스로 법도를 깨치게 하는 것.

[大意]

백성들에게 법을 잘 지키고 세금을 잘 내도록 하면 그것으로 좋은 정치를 해서 백성들의 생활이 넉넉해지지만, 그러나 그것은 인자하다는 소문이 나도록 백성들의 마음을 얻어 백성들 스스로 법도를 깨치게 하는 것보다는 못하다는 말이다.

제15장

> 孟子曰 人之所不學而能者 其良能也 所不慮而知者 其良
> 맹자왈 인지소불학이능자 기량능야 소불려이지자 기량
> 知也 孩提之童 無不知愛其親者 及其長也 無不知敬其兄
> 지야 해제지동 무불지애기친야 급기장야 무불지경기형
> 也 親親 仁也 敬長 義也 無他 達之天下也
> 야 친친 인야 경장 의야 무타 달지천하야

맹자가 말했다. "사람이 배우지 않아도 잘하는 것은 타고난 능력이고, 생각하지 않아도 아는 것은 타고난 지혜이다. 두세 살의 어린아이도 그 어버이를 사랑할 줄 알고, 자라면서 그 형을 공경할 줄 알게 된다. 어버이를 사랑하는 것은 인자함이고, 어른을 공경하는 것은 의로움이니, 이것은 온 세상에 공통된 것이다."

[語釋]

*양능(良能) : 타고난 능력. *양지(良知) : 타고난 지능. *해제(孩提) : 두세 살 정도의 어린아이. *달(達) : 통하다. 공통되다.

[大意]

인간은 선한 본성과 더불어 도덕적으로 판단을 하고, 그것을 실천하는 능력과 지능을 지닌 존재라고 논했다.

제16장

> 孟子曰 舜之居深山之中 與木石居 與鹿豕遊 其所以異於
> 맹자왈 순지거심산지중 여목석거 여록시유 기소이이어
> 深山之野人者幾希 及其聞一善言 見一善行 若決江河 沛
> 심산지야인자기희 급기문일선언 견일선행 약결강하 패
> 然莫之能禦也
> 연막지능어야

　맹자가 말했다. "순임금이 깊은 산 속에 살 때에는 나무와 돌 사이에서 살면서 사슴이나 멧돼지와 함께 지냈는데, 깊은 산속의 야인과 다를 것이 거의 없었다. 그러나 선한 말 한 마디나 선한 행실 한 가지를 보면 곧바로 실행했으니, 양자강과 황하가 세차게 쏟아져 흐르듯이 그것을 막을 수가 없었다."

[語釋]

*기희(幾希) : '거의 드물다, 또는 거의 없다'의 뜻. *결(決) : 물꼬가 트이다. *강하(江河) : 양자강(揚子江)과 황하(黃河). *패연(沛然) : 물이 세차게 흐르는 모양.

[大意]

　순임금이 요임금에게 등용되기 전에 농사짓던 때를 말하여 이미 성군이 되려는 범상함을 이야기 하고 있다.

제17장

> 孟子曰 無為其所不為 無欲其所不欲 如此而已矣
> 맹자왈 무위기소불위 무욕기소불욕 여차이이의

맹자가 말했다. "해서는 안 될 것은 하지 않아야 하고, 바라서 안 될 것은 바라지 않아야 하니, 그렇게 해야 마땅하다."

[語釋]
*기소불위(其所不爲) : 해서는 안 되는 것. *기소불욕(其所不欲) : 바라서는 안 되는 것.

[大意]
사람의 심성이 불의와 물욕으로 인해서 그릇되는 것을 경계한 말이다. 사람이라면 해서는 안 될 것과 얻어서는 안 될 것을 판단할 줄 알아야 한다고 했다.

제18장

> 孟子曰 人之有德慧術知者 恒存乎疢疾 獨孤臣孼子 其操
> 맹자왈 인지유덕혜술지자 항존호진질 독고신얼자 기조
> 心也危 其慮患也深 故達
> 심야위 기려환야심 고달

　맹자가 말했다. "덕행과 지혜와 학술과 재능이 있는 사람은 언제나 환난을 겪는다. 오직 외로운 신하와 서자는 마음이 불안하고 환난을 우려하기 때문에 사리에 통달하게 된다."

[語釋]

*진질(疢疾) : 疢은 열병(熱病)이 나서 감질나게 하는 것, 따라서 疢疾은 환란(患難)을 이르는 말. *독(獨) : 여기에서는 '오직'의 뜻. *얼(孼) : 서자(庶子). 첩(妾)의 자식. *조심(操心) : 마음가짐을 말한다. *위(危) : 마음을 놓을 수 없이 不安함.

[大意]

　시련은 사람을 좌절하게 하기도 하고, 그것을 넘어 덕혜술지를 완성하게 하는 계기가 되기도 한다.
　군주의 눈 밖에 난 신하와 어버이의 사랑을 받지 못하는 서자는 항상 근심 속에 사는데, 그런 근심이 결국은 더욱 분발하게 하여 사리에 밝은 통찰력을 기르게 된다는 말이다.

제19장

> 孟子曰 有事君人者 事是君則爲容悅者也 有安社稷臣者
> 맹자왈 유사군인자 사시군즉위용열자야 유안사직신자
> 以安社稷爲悅者也 有天民者 達可行於天下而後行之者
> 이안사직위열자야 유천민자 달가행어천하이후행지자
> 也 有大人者 正己而物正者也
> 야 유대인자 정기이물정자야

 맹자가 말했다. "군주를 섬기는 사람이 있으니, 그는 군주를 섬김에 있어서 비위를 잘 맞추는 사람이다. 다음에 사직을 편안하게 하는 신하가 있으니, 그는 사직을 편안하게 하는 것을 기쁨으로 삼는 사람이다. 하늘이 내린 백성이 있으니, 그는 올바른 도가 천하에 행해질 만한 뒤에야 그것을 실행하는 사람이다. 대인이 있으니, 그는 자신을 바르게 하여 천하의 사물을 바르게 해 나가는 사람이다."

[語釋]

*시군(是君) : 자신이 섬기는 임금. *용열(容悅) : 아부를 해서 환심을 사는데 급급한 모양을 말함. *안사직신(安社稷臣) : 사직(社稷)을 안정시키는데 충성을 다하는 신하.

[大意]
 이 장에서 맹자는 네 가지 부류의 사람을 차별적으로 평가했다. 즉 사군인과 안사직신과 천민과 대인인데, 그 중에 대인이 자신을 올바르게 하여 다른 사람에게도 감화를 준다고 했다.

제20장

> 孟子曰 君子有三樂 而王天下不與存焉 父母俱存 兄弟無
> 맹자왈 군자유삼락 이왕천하불여존언 부모구존 형제무
> 故 一樂也 仰不愧於天 俯不怍於人 二樂也 得天下英才而
> 고 일락야 앙불괴어천 부불작어인 이락야 득천하영재이
> 敎育之 三樂也 君子有三樂 而王天下不與存焉
> 교육지 삼락야 군자유삼락 이왕천하불여존언

맹자가 말했다. "군자에게는 세 가지의 즐거움이 있지만, 천하의 왕이 되는 것은 거기에 포함되지 않는다. 부모가 모두 살아계시고 형제들이 아무 탈이 없는 것이 첫 번째의 즐거움이고, 우러러 하늘을 보아도 부끄럽지 않고 굽어보아도 사람들에게 부끄럽지 않은 것이 두 번째의 즐거움이며, 세상의 뛰어난 인재를 얻어서 가르치는 것이 세 번째의 즐거움이다. 군자에게는 이 세 가지 즐거움이 있지만, 천하의 왕이 되는 것은 거기에 포함되지 않는다."

[語釋]

*구(俱) : 함께. *고(故) : 여기에서는 사고(事故)의 의미. *괴(愧) : 부끄럽다. *작(怍) : 부끄러워하다.

[大意]
 군자의 세 가지 즐거움에 대해서 말했으니, 세속적인 명예와 권력을 배제하고 참된 보람과 기쁨을 얘기한 것이다.

제21장

> 孟子曰 廣土眾民 君子欲之 所樂不存焉 中天下而立 定四
> 맹자왈 광토중민 군자욕지 소락불존언 중천하이립 정사
> 海之民 君子樂之 所性不存焉 君子所性 雖大行不加焉 雖
> 해지민 군자락지 소성불존언 군자소성 수대행불가언 수
> 窮居不損焉 分定故也 君子所性 仁義禮智根於心 其生色
> 궁거불손언 분정고야 군자소성 인의예지근어심 기생색
> 也 睟然見於面 盎於背 施於四體 四體不言而喻
> 야 수연현어면 앙어배 시어사체 사체불언이유

 맹자가 말했다. "넓은 영토와 많은 백성은 군자도 바라는 것이지만, 그가 즐거워하는 것에는 포함되지 않는다. 천하의 중심에 자리 잡고 서서 세상의 백성을 편안하게 하는 일은 군자도 바라는 것이지만, 그가 타고난 성품에는 포함되지 않는다. 군자가 타고난 성품은 비록 천하를 다스린다고 해도 그것에 더해질 것도 없고, 아무리 곤궁하게 지낸다고 해도 줄어들 것도 없는데, 그것은 타고난 분수가 정해져 있기 때문이다. 군자가 타고난 성품은 마음속에 뿌리박고 있는 인의예지이다. 그것이 기색으로 나타나면 얼굴이 윤택해지고, 사지로 뻗어나가면 굳이 말하지 않아도 사지가 알게 된다."

[語釋]

*광토중민(廣土衆民) : 토지를 개간하여 백성들을 모아 은택이 널리 베풀어지는 것으로, 제후의 입장에서 덕을 베푸는 것을 말한다. *중천하이립정사해지민(中天下而立定四海之民) : 앞의 廣土衆民이 제후의 입장에서 베푸는 것과 비교해서 천자(天子)가 되어 세상을 다스리는 것을 말한다. *소성(所性) : 인의예지(仁義禮智) 네 가지를 말함. *대행(大行) : 천하를 다스리는 것. *분(分) : 타고난 성분(性分). *생색(生色) : 生은 나타남, 色은 용모나 기색, 따라서 生色은 기색으로 나타나는 것을 말한다. *수(睟) : 맑고 밝고 윤기가 흐르는 모양. *앙(盎) : '넘쳐나다. 드러나다'의 뜻. *시(施) : 베풀다. 여기서는 ~로 뻗어나가다. *유(喩) : 알아듣게 말하다. 깨우쳐주다.

[大意]

군자가 타고난 성품으로 하는 것, 즉 사단(四端)은 마음속에 뿌리박고 있는 인의예지이다. 그것이 기색으로 나타나면 얼굴이 윤택해지고 사지로 퍼져 나가서 말하지 않아도 사지가 스스로 알게 된다고 했다.

제22장

孟子曰 伯夷辟紂 居北海之濱 聞文王作興 曰 盍歸乎來
맹자왈 백이벽주 거북해지빈 문문왕작흥 왈 합귀호래

吾聞西伯善養老者 太公辟紂 居東海之濱 聞文王作興 曰
오문서백선양노자 태공벽주 거동해지빈 문문왕작흥 왈

盍歸乎來 吾聞西伯善養老者 天下有善養老 則仁人以為
합귀호래 오문서백선양노자 천하유선양로 즉인인이위

己歸矣 五畝之宅 樹牆下以桑 匹婦蠶之 則老者足以衣帛
기귀의 오무지택 수장하이상 필부잠지 즉노자족이의백

矣 五母雞 二母彘 無失其時 老者足以無失肉矣 百畝之田
의 오모계 이모체 무실기시 노자족이무실육의 백무지전

匹夫耕之 八口之家足以無飢矣 所謂西伯善養老者 制其
필부경지 팔구지가족이무기의 소위서백선양로자 제기

田里 教之樹畜 導其妻子 使養其老 五十非帛不煖 七十非
전리 교지수축 도기처자 사양기로 오십비백불난 칠십비

肉不飽 不煖不飽 謂之凍餒 文王之民 無凍餒之老者 此之
육불포 불난불포 위지동뇌 문왕지민 무동뇌지로자 차지

謂也
위야

맹자가 말했다. "백이는 주왕을 피하여 북해의 바닷가에서 살다가, 문왕이 떨치고 일어났다는 말을 듣고는 기뻐서 '어찌 그에게로 돌아가지 않겠는가. 내가 듣기에 서백은 노인을 잘 섬긴다고 했다.'고 말했다. 또 태공은 주를 피하여 동쪽 바닷가에서 살았는데, 문왕이 떨치고 일어났다는 말을 듣고 기뻐서 '어찌 그에게로 돌아가지 않겠는가. 내가 듣기에 서백은 노인을 잘 섬기는 사람이라고 했다.'고 말했다. 천하에 노인을 잘 섬기는 사람이 있다면 어진 사람들은 모두 그에게 의지하려고 할 것이다. 다섯 무의 집터 담 밑에 뽕나무를 심어서 아낙네가 누에를 치면, 노인들은 충분히 비단옷을 입을 수가 있다. 다섯 마리의 암탉과 두 마리의 암퇘지를 때맞춰 기르면 노인들은 충분히 고기를 먹을 수 있다. 백 무의 논밭을 장정이 경작하면 여덟 명의 가족이 굶주리지 않고 넉넉할 것이다. 소위 서백이 노인을 잘 섬겼다는 것은 백성들의 전지와 택지 제도를 마련하고, 뽕나무를 심고 가축을 기르는 것을 가르치며, 처자로 하여금 노인을 잘 섬기도록 한 것이다. 쉰 살이 되면 비단 옷이 아니면 몸이 따뜻하지 않고, 일흔 살이 되면 고기를 먹지 않으면 배가 부르지 않다. 따뜻하지 않고 배가 부르지 않은 것을 가리켜 추위에 떨고 굶주린다고 한다. 문왕의 백성 중에 추위에 떨고 굶주린 노인이 없었다는 것은 이것을 가리키는 말이다."

[語釋]

*백이(伯夷) : 본래 고죽국(孤竹國)의 왕자로 은(殷)나라 말기에 주무왕(周武王)이 폭군인 주왕(紂王)을 토벌하는 것을 반대하여 동생인 숙제(叔齊)와 함께 수양산

(首陽山)에 들어가 고사리를 캐먹다가 굶어죽었다는 고사(故事)속의 인물이다.
*피(辟) : 피하다. *합(盍) : 하불(何不). 어찌 ~하지 않겠는가? *귀(歸) : 의탁(依託)하다. 의지(依支)하다. *래(來) : 앞으로, 또는 의미가 없는 조사(助辭). *서백(西伯) : 주문왕(周文王). *태공(太公) : 강태공(姜太公). *체(彘) : 암돼지. *전리(田里) : 농사지을 땅과 거주할 집을 말하는 것이다. *휵(畜) : 닭 돼지 등 가축을 기르는 것. *뇌(餒) : 굶주리다.

[大意]
　나라를 잘 다스리려면 가장 근본적인 것으로 노인을 잘 섬겨야 하고, 그러기 위해서는 백성들의 생활이 안정되어야 한다고 했다. 노인을 잘 섬겨야 한다는 것을 도덕정치의 근본으로 말하는 것은 당시의 사회가 가부장(家父長)적인 사회였음을 말해준다.

제23장

> 孟子曰 易其田疇 薄其稅斂 民可使富也 食之以時 用之以
> 맹자왈 이기전주 박기세렴 민가사부야 식지이시 용지이
> 禮 財不可勝用也 民非水火不生活 昏暮叩人之門戶 求水
> 례 재불가승용야 민비수화불생활 혼모고인지문호 구수
> 火 無弗與者 至足矣 聖人治天下 使有菽粟如水火 菽粟如
> 화 무불여자 지족의 성인치천하 사유숙속여수화 숙속여
> 水火 而民焉有不仁者乎
> 수화 이민언유불인자호

　맹자가 말했다. "밭을 잘 경작하게 하고 세금을 줄이면 백성을 넉넉하게 할 수 있다. 제 철에 맞게 먹고, 예의에 맞게 소비하면 재물은 다 쓸 수 없을 정도가 될 것이다. 백성들은 물과 불이 없으면 살 수 없는데, 저녁에 남의 집 문을 두드려서 물과 불을 달라고 해서 주지 않는 사람이 없는 것은 물과 불이 쓰고 남을 정도로 있기 때문이다. 성인이 천하를 다스림에 있어서 곡식이 물과 불처럼 풍족하게 하니, 곡식이 물과 불처럼 풍족하다면 어찌 백성들 가운데 인자하지 않은 사람이 있겠는가?"

[語釋]
*이(易) : 여기에서는 '논밭을 다스리다. 돌봐주다'의 뜻. *전주(田疇) : 田은 곡전

(穀田)을 말하고, 疇는 마전(麻田)을 말한다. *렴(斂) : 걷다. 거두어들이다. *승(勝) : 지나치다. 넘치다. *고(叩) : 두드리다. 잡아당기다. *여(與) : 손으로 주다. *숙속(菽粟) : 여기에서는 곡식(穀食)을 가리킨다. *언(焉) : 어찌, 어떻게.

[大意]

　나라를 다스리는 사람들이 경작지를 잘 돌봐 주고 세금을 경감해 주며, 때 맞춰서 먹을 수 있게 해 주고 예의에 맞도록 소비를 하게끔 이끌면 백성들의 살림살이는 저절로 넉넉해진다고 했다. 즉 군자가 좋은 정치를 베풀면 백성들도 풍족해져서 모두 인자해진다는 말이다.

제24장

> 孟子曰 孔子登東山而小魯 登太山而小天下 故觀於海者
> 맹자왈 공자등동산이소로 등태산이소천하 고관어해자
> 難為水 遊於聖人之門者難為言 觀水有術 必觀其瀾 日月
> 난위수 유어성인지문자난위언 관수유술 필관기란 일월
> 有明 容光必照焉 流水之為物也 不盈科不行 君子之志於
> 유명 용광필조언 유수지위물야 불영과불행 군자지지어
> 道也 不成章不達
> 도야 불성장불달

　맹자가 말했다. "공자께서는 일찍이 동산에 올라가서 노나라를 작다고 생각했고, 태산에 올라가서는 천하를 작다고 생각하셨다. 그런 까닭에 바다를 본 사람은 어지간한 물은 물로 보지 않으며, 성인의 문하에서 배운 사람은 어지간한 말은 관심 밖에 있다. 물을 보는 데는 방법이 있으니, 반드시 물결을 보아야 한다. 해와 달은 그 밝은 빛이 아주 작은 틈새에도 스며들고, 흐르는 물은 웅덩이를 채워 놓지 않으면 나아가지 않는다. 군자가 도에 뜻을 두었다면 하나씩 이루지 않고는 도에 통달할 수 없다."

[語釋]
*동산(東山) : 노(魯)나라 성(城) 밖에 동쪽의 산. *태산(太山) : 태산(泰山)과 같다.

몽산(蒙山)의 북쪽에 있는 중국 오악(五嶽)의 하나. *술(術) : 방법(方法). *란(瀾) : 큰 물결. *용광(容光) : 빛이 스며드는 틈새. *과(科) : 여기에서는 '웅덩이'의 뜻이다. *행(行) : 진(進). 나아가다. *장(章) : 단락. 절(節). 밝히다.

[大意]

도는 위대하고 심오한 것이어서 그 경지에 도달하기 위해서는 작은 것 하나라도 이루지 못하면 전체에 도달할 수 없다는 것을 물과 빛에 비유해서 설명하고 있다.

도를 이루기 위해서는 해와 달이 모든 곳을 비추고 흐르는 물이 빈 웅덩이를 채우고 앞으로 나아가듯이 점진적으로 이루어 나가야 한다는 말이다.

제25장

> 孟子曰 雞鳴而起 孳孳爲善者 舜之徒也 雞鳴而起 孳孳爲利者 蹠之徒也 欲知舜與蹠之分 無他 利與善之間也
> 맹자왈 계명이기 자자위선자 순지도야 계명이기 자자위리자 척지도야 욕지순여척지분 무타 이여선지간야

맹자가 말했다. "닭이 우는 무렵에 일어나서 부지런히 선을 행하는 사람들은 순임금과 같은 사람들이고, 닭이 우는 무렵에 일어나서 부지런히 이익을 추구하는 사람들은 도척과 같은 사람들이다. 순임금과 도척을 구분하는 것은 다름 아니고, 이익을 따르는가 선을 따르는가를 분간하면 된다."

[語釋]

*자자(孳孳) : 孳는 부지런함, 따라서 孳孳는 근면하게 노력하는 것을 말한다.
*척(蹠) : 跖과 같고, 공자 시대의 큰 도적(盜賊)의 우두머리 도척(盜跖)을 말한다. 혹은 《장자》에 유하혜(柳下惠)의 동생이라는 말도 있다. *간(間) : 여기에서는 분간(分揀)과 같아서 나누어 구별하는 것을 뜻함.

[大意]

사람의 본성은 같은 것이지만 행하는 바 목적에 따라 달라지는 것이니, 이익을 따르지 말고 선을 행하라는 말이다.

제26장

> 孟子曰 楊子取爲我 拔一毛而利天下 不爲也 墨子兼愛 摩
> 맹자왈 양자취위아 발일모이리천하 불위야 묵자겸애 마
>
> 頂放踵利天下 爲之 子莫執中 執中爲近之 執中無權 猶執
> 정방종이천하 위지 자막집중 집중위근지 집중무권 유집
>
> 一也 所惡執一者 爲其賊道也 擧一而廢百也
> 일야 소오집일자 위기적도야 거일이폐백야

맹자가 말했다. "양자의 사상은 자신만을 위하는 것으로 세상을 이롭게 하는데 머리털 하나 뽑으려 하지 않았다. 묵자는 겸애해서 세상을 이롭게 할 수 있다면 죽을힘을 다해서 그렇게 했다. 자막은 그 중간을 견지했으니, 그렇게 하는 것은 도에 가깝게 된다. 그러나 중간을 견지하더라도 분별이 없으면 한쪽만을 고집하는 것이다. 한쪽만을 고집하는 것을 나쁘다고 하는 것은 그것이 도를 해치고 한 가지만을 주장하면서 백 가지를 버리게 하기 때문이다."

[語釋]

*양자(楊子) : 전국시대의 인물. *묵자(墨子) : 양자와 비슷한 시기의 인물. *마정방종(摩頂放踵) : 머리끝에서부터 발꿈치가 다 닳을 때까지. *자막(子莫) : 노(魯)나라의 현인(賢人). *권(權) : 분별하다. *집(執) : 고집(固執).

[大意]
　양자와 묵자와 자막의 주장에 대한 맹자의 비평을 말했다.

제27장

> 孟子曰 飢者甘食 渴者甘飲 是未得飲食之正也 飢渴害之
> 맹자왈 기자감식 갈자감음 시미득음식지정야 기갈해지
> 也 豈惟口腹有飢渴之害 人心亦皆有害 人能無以飢渴之
> 야 기유구복유기갈지해 인심역개유해 인능무이기갈지
> 害為心害 則不及人不為憂矣
> 해위심해 즉불급인불위우의

　맹자가 말했다. "굶주린 사람은 음식을 달게 먹고, 목마른 사람은 음료를 달게 마신다. 그러나 그것은 먹고 마시는 맛을 제대로 알지 못하는 것으로, 굶주림과 목마름이 그 맛을 해쳤기 때문이다. 어찌 사람의 입과 배에만 굶주림과 목마름으로 비롯된 해가 있겠는가? 사람의 마음에도 역시 그러한 해가 있다. 사람이 굶주림과 목마름 때문에 마음을 해치지 않을 수 있다면, 사람됨이 남만 못하다고 해서 근심하지는 않을 것이다."

[語釋]
*정(正) : 여기에서는 정미(正味)로, 올바른 맛을 말한다.

[大意]
　굶주리거나 갈증이 나면 올바른 맛을 모르고 마구 먹고 마시듯

이, 사람의 심성도 또한 물욕으로 인하여 그르칠 수 있다는 것을 경계했다.

  물질적 조건에 흔들리지 않는 마음이 도의 실천에 중요하다는 말이다.

제28장

孟子曰 柳下惠不以三公易其介
맹자왈 유하혜불이삼공역기개

맹자가 말했다. "유하혜는 삼공의 직위를 얻으려고 그의 지조를 바꾸지 않았다."

[語釋]

*유하혜(柳下惠) : 노(魯)나라의 절조(節操) 높은 대신으로 공자와 같은 시대에 살았던 현인(賢人). *삼공(三公) : 천자(天子)의 최고 고문(顧問)이었던 태사(太師)와 태부(太傅)와 태보(太保)r를 말함. *개(介) : 여기에서는 대지(大志)나 절개(節介)나 절조(節操)를 말함.

[大意]

유하혜가 현인의 심성을 가졌다는 것을 한 마디로 말로 표현한 것이다.

제29장

孟子曰 有爲者辟若掘井 掘井九軔而不及泉 猶爲棄井也
맹 자 왈 유 위 자 벽 약 굴 정 굴 정 구 인 이 불 급 천   유 위 기 정 야

 맹자가 말했다. "인의(仁義)를 지향해서 노력하는 것은 비유하자면 우물을 파는 것과 같다. 아홉 길이나 우물을 팠어도 샘물이 솟아나는 데까지 이르지 못했다면 그것은 우물을 포기한 것이나 마찬가지다."

[語釋]
*유위자(有爲者) : 인의(仁義)를 지향해서 노력하는 사람. *비(辟) : 비유(譬喩). 비유(比喩). *굴(掘) : 파다. *인(軔) : 인(仞). 길이의 단위로, 한 길(두 팔을 펼친 길이)을 뜻하지만 정확한 길이는 잘 모름.

[大意]
 인의를 깨달아 실행하려는 노력을 비유하면 마치 우물을 파는 것과 같아서, 우물을 아무리 깊이 팠다고 해도 샘물을 얻지 못한다면 그 노력은 아무런 의미가 없다는 말이다.

제30장

> 孟子曰 堯舜 性之也 湯武 身之也 五霸 假之也 久假而不
> 맹자왈 요순 성지야 탕무 신지야 오패 가지야 구가이불
> 歸 惡知其非有也
> 귀 오지기비유야

맹자가 말했다. "요임금과 순임금은 타고난 본성대로 실행했고, 탕왕과 무왕은 몸으로 실행했으며, 오패는 그것을 빌려서 실행했다. 오래도록 빌리고 돌려주지 않으면 자신이 가지고 있지 않다는 것을 어떻게 알 수 있겠는가?"

[語釋]

*가(假) : 임시 빌림. *구가이불귀 악지기비유야 (久假而不歸 惡知其非有也) : 이 구절은 '오래 빌려서 돌려주지 않으면 자기가 정말 가지고 있지 않음을 어떻게 알겠는가.'로 해석하기도 하고, '남의 것도 오래 가지고 있으면, 제 것이나 다름없다.'고 해석하기도 한다. *오(惡) : 여기에서는 '어찌. 어떻게'의 뜻.

[大意]

옛 군주들을 세 가지 유형으로 분류했다. 요순은 타고난 성품을 그대로 실행했고, 탕무는 후천적인 노력으로 실행했으며, 오패는 무력에 의한 패권정치를 인정(仁政)으로 가장했다고 규정했다.

제31장

> 公孫丑曰 伊尹曰 予不狎于不順 放太甲于桐 民大悅 太甲
> 공손추왈 이윤왈 여불압우불순 방태갑우동 민대열 태갑
> 賢 又反之 民大悅 賢者之爲人臣也 其君不賢 則固可放與
> 현 우반지 민대열 현자지위인신야 기군불현 즉고가방여
> 孟子曰 有伊尹之志 則可 無伊尹之志 則簒也
> 맹자왈 유이윤지지 즉가 무이윤지지 즉찬야

 공손추가 물었다. "이윤이 '나는 도리를 따르지 않는 것은 두고 볼 수 없다.'며 태갑을 동으로 추방하자 백성들이 크게 기뻐했고, 그 뒤에 태갑이 어질어지자 다시 돌아오게 했는데, 백성들이 또한 기뻐했다고 합니다. 어진 사람은 신하로서 그 군주가 현명하지 못하면 본래 추방해도 옳은 것입니까?" 맹자가 말했다. "이윤과 같은 뜻이라면 괜찮지만, 이윤과 같은 뜻이 없으면 그것은 찬탈하는 것이다."

[語釋]

*압(狎) : 여기에서는 견디다, 또는 참아내다. *순(順) : 도리(道理)를 따르는 것.
*방(放) : 추방(追放). *동(桐) : 지명(地名). *태갑(太甲) : 은(殷 = 商)나라의 5代 군주. *찬(簒) : 찬탈(簒奪). 임금의 자리를 빼앗음.

[大意]

　현명한 신하는 군주를 쫓아내도 옳은 것이냐고 공손추가 묻자, 맹자는 이윤의 뜻이라면 괜찮다고 했다. 즉 그것은 왕권에 대한 욕심이 없이 올바른 도리 때문이라면 그럴 수 있다는 것이지만, 올바른 도리와 그릇된 도리에 대한 확고한 신념이 없으면 빼앗는 것이라는 말이다.

제32장

> 公孫丑曰 詩曰 不素餐兮 君子之不耕而食 何也 孟子曰
> 공손추왈 시왈 불소찬혜 군자지불경이식 하야 맹자왈
> 君子居是國也 其君用之 則安富尊榮 其子弟從之 則孝弟
> 군자거시국야 기군용지 즉안부존영 기자제종지 즉효제
> 忠信 不素餐兮 孰大於是
> 충신 불소찬혜 숙대어시

공손추가 말했다. "《시경》에 이르기를 '하는 일 없이 녹을 받지 않는다.'고 했는데, 군자가 농사를 짓지 않고 먹는 것은 어찌된 일입니까?" 맹자가 말했다. "한 나라의 군자를 군주가 등용하면 나라가 편안해지고 부유해지고 존귀해지고 번영하며, 그 나라의 자제들은 그를 따라서 효성스럽고 우애가 있고 성실하게 된다. '하는 일 없이 녹을 받지 않는다.'는 것이 이것보다 큰 것이 있겠는가?"

[語釋]
*소(素) : 여기에서는 '부질없다. 헛되다.'의 뜻. *소찬(素餐) : 餐은 먹고 마시는 것이니, 따라서 素餐은 '하는 일 없이 녹(祿)을 받아먹는 것'을 말한다. *숙대(孰大) : 어느 것이 ~보다 크겠는가?

[大意]
 공손추가 육체적인 노동에 대해서 말하자, 맹자가 정신적인 노동의 사회적 중요성에 대해서 말하고 있다.

제33장

> 王子墊問曰 士何事 孟子曰 尚志 曰 何謂尚志 曰 仁義而
> 왕자점문왈 사하사 맹자왈 상지 왈 하위상지 왈 인의이
> 已矣 殺一無罪 非仁也 非其有而取之 非義也 居惡在 仁
> 이의 살일무죄 비인야 비기유이취지 비의야 거오재 인
> 是也 路惡在 義是也 居仁由義 大人之事備矣
> 시야 노오재 의시야 거인유의 대인지사비의

왕자 점이 물었다. "선비는 어떤 일을 해야 합니까?" 맹자가 대답했다. "뜻을 숭상해야 합니다." 점이 물었다. "뜻을 숭상한다는 것이 무엇입니까?" 맹자가 대답했다. "인의를 따르는 것입니다. 죄 없는 사람을 죽이는 것은 인이 아니고, 자신의 것이 아닌데도 취하는 것은 의가 아닙니다. 머무는 곳이 어디인가 하면 인이 바로 그 집이고, 행하는 길이 어디인가 하면 의가 바로 그 길입니다. 인에 머물고 의를 행하면 대인의 할 일은 갖춘 것입니다."

[語釋]

*점(墊) : 제(齊)나라 왕자. *상(尙) : 높이어 존중함. *오(惡) : 여기에서는 '어디, 어느'의 뜻. *유(由) : 종(從). 따르다. *대인(大人) : 여기에서는 공경대부(公卿大夫)를 뜻함.

[大意]
 제나라의 왕자 점이 선비의 할 일이 무엇이냐고 묻자, 인의로 덕을 이루는 것이라고 맹자가 대답하고 있다.

제34장

> 孟子曰 仲子 不義與之齊國而弗受 人皆信之 是舍簞食豆
> 맹 자 왈 중 자 불 의 여 지 제 국 이 불 수 인 개 신 지 시 사 단 사 두
> 羹之義也 人莫大焉亡親戚 君臣 上下 以其小者信其大者
> 갱 지 의 야 인 막 대 언 망 친 척 군 신 상 하 이 기 소 자 신 기 대 자
> 奚可哉
> 해 가 재

맹자가 말했다. "중자는 의로운 것이 아니면 그에게 제나라를 준다고 해도 받지 않을 사람이라는 것을 모든 사람들은 다 믿는 바이지만, 그가 행한 것은 밥 한 그릇과 국 한 사발을 거절하고 취한 정도의 의로움이다. 사람에게 친척과 군신과 상하의 의리를 저버리는 것보다 더 큰 잘못은 없으니, 그런 작은 일을 가지고 큰일도 그렇게 할 것이라고 미루어 믿는 것이 어찌 옳다고 하겠는가?"

[語釋]

*중자(仲子) : 제(齊)나라의 진중자(陳仲子). *단사두갱(簞食豆羹) : 한 대그릇의 밥과 한 나무그릇의 국, 여기에서는 약소한 음식을 뜻함. *망(亡) : 여기에서는 '잊다'의 뜻. *언(焉) : '~보다.'의 뜻.

[大意]
 진중자의 사소한 의로움에 대한 세상의 평가에 대해서, 맹자는 그것은 대도(大道)를 망각한 것일 수도 있다고 비판하고 있다.

제35장

> 桃應問曰 舜爲天子 皐陶爲士 瞽瞍殺人 則如之何 孟子曰
> 도응문왈 순위천자 고도위사 고수살인 즉여지하 맹자왈
>
> 執之而已矣 然則舜不禁與 曰 夫舜惡得而禁之 夫有所受
> 집지이이의 연즉순불금여 왈 부순득이금지 부유소수
>
> 之也 然則舜如之何 曰 舜視棄天下 猶棄敝蹝也 竊負而逃
> 지야 연즉순여지하 왈 순시기천하 유기폐사야 절부이도
>
> 遵海濱而處 終身訢然 樂而忘天下
> 준해빈이처 종신흔연 락이망천하

　도응이 물었다. "순임금이 천자이고 고요가 판관인데, 고수가 사람을 죽였다면 어떻게 했겠습니까?" 맹자가 대답했다. "법에 따랐을 것이다." 도응이 물었다. "순임금이 못하게 말리지 않았겠습니까?" 맹자가 대답했다. "순임금이 어떻게 못하게 말릴 수 있겠는가? 고요에게는 이어받은 법이 있었다." 도응이 물었다. "그렇다면 순임금은 어떻게 했겠습니까?" 맹자가 대답했다. "순임금은 천하를 헌 짚신처럼 버리고, 몰래 아버지를 업고 달아나 바닷가에 살면서 죽을 때까지 기꺼이 천하를 잊고 살았을 것이다."

[語釋]

*도응(桃應) : 맹자의 제자. *고요(皐陶) : 순(舜)의 신하. *사(士) : 여기서는 형관

(刑官)을 말한다. *고수(瞽瞍) : 순(舜)의 아버지. *여(與) : 여(歟)와 같아서, 어조사로 '그런가?'의 뜻. *오(惡) : 여기에서는 '어찌, 어떻게'의 뜻. *이(而) : 여기에서는 '그러나'의 뜻. *득(得) : 여기에서는 '이루다'의 뜻. *시(視) : 여기에서는 '여기다, 생각하다'의 뜻. *폐사(敝蹝) : 蹝는 짚신이다. 따라서 敝蹝는 헤진 짚신을 말한다. *준(遵) : 쫓다. 따르다. 가다. *訢然(흔연) : 訢은 흔((欣)과 같이 '기뻐하다'의 뜻. 따라서 訢然은 매우 기분이 좋다는 뜻이다.

[大意]

　법을 지킬 것인가, 인륜을 따를 것인가에 대한 문제를 순임금의 경우를 들어 얘기하고 있다.

　사람이 살아가는 사회의 규범상 법대로 집행하는 것이 옳은 일이지만, 인륜의 도리를 따르자면 아버지를 업고 도망갈 수도 있다고 말한 것이다.

제36장

> 孟子自范之齊 望見齊王之子 喟然歎曰 居移氣 養移體 大
> 맹자자범지제 망견제왕지자 위연탄왈 거이기 양이체 대
> 哉居乎 夫非盡人之子與 孟子曰 王子宮室 車馬 衣服多與
> 재거호 부비진인지자여 맹자왈 왕자궁실 거마 의복다여
> 人同 而王子若彼者 其居使之然也 況居天下之廣居者乎
> 인동 이왕자약피자 기거사지연야 황거천하지광거자호
> 魯君之宋 呼於垤澤之門 守者曰 此非吾君也 何其聲之似
> 노군지송 호어질택지문 수자왈 차비오군야 하기성지사
> 我君也 此無他 居相似也
> 아군야 차무타 거상사야

맹자가 범을 떠나 제나라로 가서 제나라의 왕자를 보고 감탄하며 말했다. "거처하는 환경에 따라 기상이 달라지고 봉양함에 따라 몸이 달라지는 것이니, 그 환경이 대단하구나. 저 왕자 역시 사람의 자식이 아닌가?" 맹자가 이어서 말했다. "왕자가 사는 궁전과 수레와 말과 의복은 대체로 다른 사람들과 같지만, 왕자가 저와 같은 것은 거처하는 환경이 그렇게 만든 것이다. 하물며 천하라는 넓은 환경에 거처한다면 어떻겠는가? 노나라의 군주가 송나라로 가서 질택의 성문 앞에서 문을 열라고 소리쳤는데, 문지기가 '이 분은 우리 군주가 아닌데 어째서 목소리가 우리 군주와

비슷할까?'라고 말했다. 그것은 다름이 아니고 거처하는 환경이 비슷했기 때문이다."

[語釋]
*범(范) : 여기에서는 제(齊)나라의 고을 이름. *제(齊) : 여기에서는 제나라의 수도(首都)를 의미한다. *위연(喟然) : 탄식(歎息)하는 것으로, 감탄을 나타낸 것이다. *거이기(居移氣) : 거(居)는 처한 위치나 지위 즉 환경을 뜻하고, 移는 변하는 것을 말하며, 氣는 기질이나 품위의 뜻이다. 따라서 居移氣는 거처하는 환경이 그 기품을 변화시키는 것을 말한다. *천하지광거(天下之廣居) : 인(仁)을 상징적으로 표현한 것으로 생각됨. *질택(垤澤) : 송(宋)나라 성문 이름.

[大意]
　환경의 중요성에 대해서 말했다.
　똑같은 사람이라고 해도 거처하는 환경에 따라서 그 기상이 달라질 수 있는 것이니, 환경이 사람에게 미치는 영향이 그만큼 크다는 말이다.

제37장

> 孟子曰 食而弗愛 豕交之也 愛而不敬 獸畜之也 恭敬者
> 맹자왈 사이불애 시교지야 애이불경 수축지야 공경자
>
> 幣之未將者也 恭敬而無實 君子不可虛拘
> 폐지미장자야 공경이무실 군자불가허구

맹자가 말했다. "먹여 주면서 사랑하지 않는다면 돼지로 대하는 것과 같다. 또 사랑하면서 공경하지 않으면 짐승을 기르는 것과 같다. 공경이라는 것은 예물을 보내지 않았을 때부터 가지고 있는 마음이다. 공경한다고 하면서 진실하지 않으면 군자는 헛되이 머물러 있지 않는다."

[語釋]

*사(食) : 먹이다. 여기에서는 녹(祿)을 주는 것을 말한다. *돈교(豕交) : 交는 교제(交際)로, 여기에서는 대접(待接)의 뜻. 따라서 豕交는 돼지같이 먹여 기른다는 것, 동물처럼 대한다는 말. *장(將) : 여기에서는 奉行으로 받들어 행함을 뜻함. *구(拘) : 여기에서는 유(留)와 같아서, 관직(官職)에 연연(戀戀)하다는 뜻.

[大意]

현명한 사람을 대하는 군자의 태도에 대해서 말하고 있다.
군주가 현명한 사람을 초빙함에 먼저 예물을 보내는데, 그것보다 중요한 것은 공경심이다. 즉 물질적인 것보다 정신적인 것이 우선이라는 말이다.

제38장

> 孟子曰 形色 天性也 惟聖人 然後可以踐形
> 맹자왈 형색 천성야 유성인 연후가이천형

맹자가 말했다. "사람의 모습과 얼굴빛은 천성적인 것이어서, 오직 성인만이 그 본연의 모습을 가질 수 있다."

[語釋]

*형색(形色) : 용모와 얼굴색. *천(踐) : 실천(實踐).

[大意]

사람은 누구나 천성 그대로의 선한 모습을 가지고 태어나는데, 그것을 그대로 유지하려면 인의예지를 닦아서 도덕성을 갖춰야 한다는 것으로, 성인의 모습이 천성그대로인 것은 그만한 이유가 있다는 말이다.

제39장

> 齊宣王欲短喪 公孫丑曰 爲期之喪 猶愈於已乎 孟子曰 是
> 제선왕욕단상 공손추왈 위기지상 유유어이호 맹자왈 시
>
> 猶或紾其兄之臂 子謂之姑徐徐云爾 亦敎之孝弟而已矣
> 유혹진기형지비 자위지고서서운이 역교지효제이이의
>
> 王子有其母死者 其傅爲之請數月之喪 公孫丑曰 若此者
> 왕자유기모사자 기부위지청수월지상 공손추왈 약차자
>
> 何如也 曰 是欲終之而不可得也 雖加一日愈於已 謂夫莫
> 하여야 왈 시욕종지이불가득야 수가일일유어이 위부막
>
> 之禁而弗爲者也
> 지금이불위자야

제나라의 선왕이 장례 기간을 줄이려고 했다. 공손추가 맹자에게 물었다. "1년 상으로라도 치르는 것이 치르지 않는 것보다는 낫지 않습니까?" 맹자가 대답했다. "그것은 마치 어떤 사람이 그의 형의 팔을 비틀고 있는 것을 보고 그대가 '좀 살살 하시오.'라고 말하는 것과 같다. 이런 경우에는 효제를 가르쳐야 한다." 왕자 중에 어머니가 죽은 사람이 있었는데, 그의 스승이 왕자로 하여금 몇 달 동안이라도 복을 입도록 해 줄 것을 왕에게 청했다. 공손추가 이것을 맹자에게 물었다. "이런 경우는 어떻습니까?" 맹자가 대답했다. "이런 경우는 왕자가 삼년상을 마치려고 해도 어쩔 수

없는 경우로, 하루라도 더 복을 입으면 안 입는 것보다는 낫다. 앞에서 말한 것은 못하게 하지 않는데도 상을 입지 않는 것을 두고 한 말이다."

[語釋]
*기지상(朞之喪) : 朞는 기(期)를 말하며, 일주년. 따라서 朞之喪은 일년상(一年喪)을 말한다. *이(己) : 여기에서는 '말다, 그만두다'의 뜻. *비(臂) : 상지(上肢). 팔. *고(姑) : 여기에서는 '좀, 조금만'이라는 부사적 용법이다. *왕자(王子) : 여기에서는 제(齊)나라 왕의 서자(庶子)를 말한다. *기모(其母) : 왕자의 생모(生母)이며, 제(齊)나라 왕의 첩(妾). *청(請) : 여기서는 제(齊)나라 왕에게 청(請)하는 것을 말한다. *위(謂) : 제(齊)나라 왕에게 청하는 것.

[大意]
맹자는 부모님의 삼년상을 단축하자는 사람은 효심이 전혀 없는 사람이라고 일축하고 있다. 그러나 사부를 통해서 모친의 상을 몇 개월이라도 입게 해달라고 청한 서자인 왕자의 경우를 묻자, 맹자는 그것은 처지가 다른 경우라고 말했다.

다시 말하면 선왕의 경우는 상례에 금지되어 있지 않은데 시행하지 않으려고 한 것이니 불효이고, 왕자의 경우는 서자이므로 상례에 따라 삼년상을 입지 못하는 것이니 할 수 없다는 것이다. 따라서 왕자는 하루만이라도 상을 입을 수 있으면 입는 것이 도리라고 주장했다.

제40장

> 孟子曰 君子之所以教者五 有如時雨化之者 有成德者 有
> 맹자왈 군자지소이교자오 유여시우화지자 유성덕자 유
>
> 達財者 有答問者 有私淑艾者 此五者 君子之所以教也
> 달재자 유답문자 유사숙애자 차오자 군자지소이교야

맹자가 말했다. "군자의 교육 방법은 다섯 가지가 있는데, 때맞춰서 내리는 비가 초목을 저절로 자라게 하는 것처럼 가르치는 방법이 있고, 덕을 이루게 하는 방법이 있으며, 재능을 발달시키는 방법이 있고, 묻는 말에 대답해 주는 방법이 있으며, 스스로 덕을 닦아 나아가게 하는 방법이 있다. 이 다섯 가지가 군자의 교육 방법이다."

[語釋]

*시우(時雨) : 때에 맞게 내리는 비. *화(化) : 여기에서 化는 화육(化育)이니, 즉 초목을 자라게 하는 것을 말한다. *성덕(成德) : 덕(德)을 이루는 것. *사숙애(私淑艾) : 私淑하게 해준다는 의미이다. 私淑은 직접 가르침을 받지는 않으나 마음속으로 그 사람을 본받아서 도(道)나 학문을 배우거나 따르는 것을 말한다.

[大意]

군자의 교육하는 방법에 대해서 논했다.

때 맞춰서 내리는 비가 초목을 저절로 자라게 하는 것처럼, 또 스스로 덕을 닦아 나아가도록 해서 타고난 본성을 잘 살릴 수 있도록 하는 계발교육 방법 등이 그것이다.

제41장

> 公孫丑曰 道則高矣 美矣 宜若登天然 似不可及也 何不使
> 공손추왈 도즉고의 미의 의약등천연 사불가급야 하불사
> 彼爲可幾及而日孶孶也 孟子曰 大匠不爲拙工改廢繩墨
> 피위가기급이일자자야 맹자왈 대장불위졸공개폐승묵
> 羿不爲拙射變其彀率 君子引而不發 躍如也 中道而立 能
> 예불위졸사변기구율 군자인이불발 약여야 중도이립 능
> 者從之
> 자종지

공손추가 물었다. "도는 높고 또 아름답지만, 마치 하늘에 오르는 것 같아서 다다르지 못할 것 같습니다. 어찌 배우는 사람들이 그것에 다다를 수 있게 해서 날마다 부지런하게 노력하도록 하지 않습니까?" 맹자가 말했다. "훌륭한 목수는 서툰 목수를 위해 먹줄 쓰는 방법을 고치거나 없애지 않고, 예는 서툰 사수를 위해서 활 당기는 방법을 바꾸지 않는다. 군자는 활을 당겨 아직 놓지 않았지만 화살을 쏘아 맞히려는 의욕을 갖고 있다. 중용의 도에 서서 인도한다면 능력 있는 사람은 따라하게 되는 것이다."

[語釋]

*의약(宜若) : 宜는 將과 같아서, 宜若은 '거의 ~하는 것과 같다'는 관용구이다.

*사(似) : 여기에서는 도(道)가 거의 하늘처럼 높다는 비유적 표현으로 사용되었다.
*피(彼) : 여기에서는 배우고자 하는 사람을 말함. *기(幾) : 본래는 '거의'라는
뜻이나, 여기서는 '기대 또는 바람'의 뜻. *자자(孳孳) : 부지런히 애써 노력하는
모양. *구율(彀率) : 활을 당기는 방법. *약여(躍如) : 좋아서 뛰어 나오는 것으로,
여기에서는 활을 쏘려는 의욕이 있음을 말한다.

[大意]

도는 너무 높고 큰 것이라서 그 아름답고 훌륭함을 알지만 사람들이 그 경지에 도달하지 못하니, 그것을 현실적으로 도달하기에 가능한 수준으로 목표를 정하면 매일 익혀서 따라가기에 좋지 않겠냐고 묻자, 도를 이루는 것은 그것을 이루려는 사람의 자발적인 의지와 노력에 달려 있고 그것을 이룰 수 있는 사람만이 논할 수 있는 것이니, 그렇지 않은 사람들을 위하여 그 목표하는 바를 낮출 수는 없는 것이라고 잘라서 말하고 있다.

제42장

> 孟子曰 天下有道 以道殉身 天下無道 以身殉道 未聞以道
> 맹 자 왈 천 하 유 도 이 도 순 신 천 하 무 도 이 신 순 도 미 문 이 도
> **殉乎人者也**
> 순 호 인 자 야

맹자가 말했다. "천하에 도가 있으면 도를 몸으로 실행하고, 천하에 도가 없으면 몸으로 하여금 도를 따르게 한다. 남을 따라가기 위해서 도를 희생한다는 말은 들은 적이 없다."

[語釋]
*순(殉) : 추구(追求)하다. 따르다. 좇다. *미문(未聞) : 여태껏 ~를 듣지 못했다.

[大意]
 세상에 바른 도리가 실행되면 자신의 신념에 따라 사회 활동에 참여를 하고, 세상에 바른 도리가 실행되지 않으면 자신의 신념을 펼칠 수 없으므로 사회를 떠나서 몸을 지킬 뿐이다.
 자신의 몸과 도 사이의 괴리가 있음을 밝혀 그때그때에 처신하는 것에 대해서 말했다.

제43장

> 公都子曰 滕更之在門也 若在所禮 而不答 何也 孟子曰
> 공도자왈 등갱지재문야 약재소례 이불답 하야 맹자왈
>
> 挾貴而問 挾賢而問 挾長而問 挾有勳勞而問 挾故而問 皆
> 협귀이문 협현이문 협장이문 협유훈로이문 협고이문 개
>
> 所不答也 滕更有二焉
> 소불답야 등갱유이언

공도자가 물었다. "등갱이 선생님의 문하에 와서 있을 때에 예의로 대해 주실 만했는데, 그의 물음에 대답을 하지 않으신 것은 무슨 까닭입니까?" 맹자가 대답했다. "신분이 높은 것을 내세워 묻고, 재능을 내세워 묻고, 나이가 많다는 것을 내세워 묻고, 공을 내세워 묻고, 친분 관계를 내세워 묻는 것, 이 다섯 가지는 대답하지 않는 경우이다. 등갱은 이 중에서 두 가지를 가지고 있다."

[語釋]

*등갱(滕更) : 등(滕)나라 군주의 동생. *협(挾) : 믿고 의지함. *고(故) : 여기에서는 지난날의 친분(親分)을 말한다. *유이(有二) : 귀(貴)와 현(賢).

[大意]

배우는 사람의 자세에 대해서 말했다.

사회적 신분이나 우월감 등을 초월한 근본적인 도덕심이 도를 배우는 기본적 자세라고 말했다.

제44장

> 孟子曰 於不可已而已者 無所不已 於所厚者薄 無所不薄
> 맹자왈 어불가이이이자 무소불이 어소후자박 무소불박
> 也 其進銳者 其退速
> 야 기진예자 기퇴속

맹자가 말했다. "그만두어서는 안 되는데도 그만두는 사람은 어느 경우든 그만둘 것이고, 후하게 대해야 하는데도 박하게 대하는 사람은 어느 경우든 박하게 대할 것이다. 너무 성급하게 나아가는 사람은 물러나는 것도 성급하다."

[語釋]

*이자(已者) : 그만두는 것. *진예(進銳) : 마음 씀이 지나친 것으로, 나아감에 성급한 것을 의미한다.

[大意]

그만 두어서는 안 될 경우에 그만두는 사람은 결국은 모든 행동에 있어서 그만두지 않아야 함에도 그만두는 사람이고, 후하게 대해야 함에도 박하게 대하는 사람은 모든 일에 박하게 되며, 어떤 일을 너무 서두르는 사람은 신중하지 못해서 그 일도 서둘러 끝내려고 한다는 말이다.

제45장

> 孟子曰 君子之於物也 愛之而弗仁 於民也 仁之而弗親 親
> 맹자왈 군자지어물야 애지이불인 어민야 인지이불친 친
>
> 親而仁民 仁民而愛物
> 친이인민 인민이애물

맹자가 말했다. "군자는 동식물을 아끼기는 하지만 인자하게 대하지는 않고, 백성들을 인자하게 대하되 친밀하게는 대하지 않는다. 육친에게 친밀하게 대하고서 백성에게 인자하게 대하며, 백성들을 인자하게 대하고 동식물을 아낀다."

[語釋]

*물(物) : 여기에서는 금수초목(禽獸草木)을 말하는 것으로, 즉 동식물의 포괄적 의미이다.

[大意]

친밀한 것과 인자한 것, 또 아끼는 것에 대해서 말했다.

친밀한 것은 혈연적 관계의 사람이 대상이고, 인자한 것은 혈연관계를 벗어난 다른 사람이 대상이며, 아끼는 것은 동물과 식물 등의 사물이 대상이라고 했다.

제46장

孟子曰 知者無不知也 當務之為急 仁者無不愛也 急親賢
맹자왈 지자무불지야 당무지위급 인자무불애야 급친현

之為務 堯舜之知而不遍物 急先務也 堯舜之仁不遍愛人
지위무 요순지지이불편물 급선무야 요순지인불편애인

急親賢也 不能三年之喪 而緦小功之察 放飯流歠 而問無
급친현야 불능삼년지상 이시소공지찰 방반유철 이문무

齒決 是之謂不知務
치결 시지위불지무

  맹자가 말했다. "지혜로운 사람은 알지 못하는 것이 없지만 그가 힘써 할 일은 서두르며, 인자한 사람은 사랑하지 않는 것이 없겠지만 어진 사람과 친하고자 서두른다. 요순 같은 지혜로도 사물을 두루 알지 못한 것은 힘써 할 일을 먼저 서둘러 했기 때문이고, 요순 같은 인자함으로도 두루 다 사랑하지 못한 것은 어진 사람과 서둘러서 친해지려고 했기 때문이다. 삼년상을 입지 못하면서 시마나 소공 같은 상례를 세세하게 살피고, 밥을 마구 퍼먹고 국물을 흘리며 마시면서 마른 고기를 이빨로 끊어서 먹는 것은 안 된다고 문제 삼는 것을 두고 먼저 서둘러서 해야 할 것이 무엇인지를 모른다고 한다."

[語釋]

*시(緦) : 시마복(緦麻服). 올이 가는 삼베로 지은 상복(喪服)을 말하며, 석 달 동안 입는다. *소공(小功) : 시마(緦麻)보다 올이 굵은 삼베로, 곧 다섯 달 동안 입는 상복(喪服)을 말한다. *방반(放飯) : 밥을 허겁지겁 급히 먹는 것을 말한다. *류철(流歠) : 歠은 후루룩 들이마시는 것, 따라서 流歠은 후루룩 국물 같은 것을 흘리면서 들이키는 것을 말한다. *문(問) : 여기에서는 문제 삼는 것을 말한다. *치결(齒決) : 이빨로 말린 고기를 끊어서 먹는 것으로, 무치결(無齒決)은 말린 고기는 본래 손으로 찢어 먹는 것이라 이빨로 끊어 먹어서는 안 된다는 것을 비유한 것이다.

[大意]

　일반 사람들의 도덕적인 생활에 대해서 말했다.

　사람들은 전체적인 도리를 판단하기 전에 말단적인 것에 마음을 쓰는 것이 보통이다. 그러나 그것은 상례의 전반적인 것을 보지 않고 시마와 소공을 말하고, 예의 없이 식사를 하면서 말린 고기를 이빨로 끊어 먹으면 안 된다고 하는 것처럼 앞과 뒤가 맞지 않는 행동이라고 말했다.

제14편

진심(盡心) 下

제1장

> 孟子曰 不仁哉 梁惠王也 仁者以其所愛及其所不愛 不仁
> 맹자왈 불인재 양혜왕야 인자이기소애급기소불애 불인
> 者以其所不愛及其所愛 公孫丑問曰 何謂也 梁惠王以土
> 자이기소불애급기소애 공손추문왈 하위야 양혜왕이토
> 地之故 糜爛其民而戰之 大敗 將復之 恐不能勝 故驅其所
> 지지고 미란기민이전지 대패 장부지 공불능승 고구기소
> 愛子弟以殉之 是之謂以其所不愛及其所愛也
> 애자제이순지 시지위이기소불애급기소애야

맹자가 말했다. "양혜왕은 인자하지 못하다. 인자한 사람은 자신이 사랑하는 마음으로 사랑하지 않는 사람에게 영향을 미치게 하고, 인자하지 않은 사람은 자신이 사랑하지 않는 마음으로 사랑하는 사람에게까지 영향을 미치게 한다." 공손추가 물었다. "무슨 말씀입니까?" 맹자가 대답했다. "양혜왕은 영토 때문에 참혹한 전쟁을 일으켜서 크게 패하고 백성들을 상하게 했는데, 그것을 보복하려고 다시 전쟁을 일으켜서 이기지 못할까 두려워서 사랑하는 자제들까지 전쟁에 내보내서 죽게 했다. 이것을 일러서 자신이 사랑하지 않는 마음으로 사랑하는 사람에게까지 영향을 미치게 한 것이라 한다."

[語釋]

*양혜왕(梁惠王) : 전국시대(戰國時代)의 칠국(七國) 한위조진초연제(韓魏趙秦楚燕齊)의 하나인 위(魏)나라의 혜왕(惠王). 당시의 수도(首都)가 현재의 하남성(河南省) 개봉(開封)인 대량(大梁)이었던 까닭에 위(魏)나라를 양(梁)나라라고도 불렀다. 이름은 앵(罃)이고, 혜(惠)는 죽은 뒤에 붙인 시호(諡號). *미란(糜爛) : 糜는 '문드러지다, 물커지다'의 뜻이고, 爛 역시 '문드러지다'라는 뜻이다. 따라서 糜爛은 피투성이의 참혹(慘酷)한 전쟁이라는 의미로 사용되었다. *자제(子弟) : 사령관으로 전쟁에 참가했다가 전사(戰死)한 태자(太子) 신(申)을 가리켜 말한 것이다.

[大意]

영토를 확장하려고 백성들을 참혹한 전쟁터에 보내서 희생시키고, 그것도 부족해서 사랑하는 아들까지 죽게 한 양혜왕의 인자하지 못한 행위를 질책했다.

제2장

> 孟子曰 春秋無義戰 彼善於此 則有之矣 征者上伐下也 敵
> 맹 자 왈 춘 추 무 의 전 피 선 어 차 즉 유 지 의 정 자 상 벌 하 야 적
>
> 國不相征也
> 국 불 상 정 야

　맹자가 말했다. "《춘추》에는 정의로운 전쟁이라고 할 만한 것은 없었다. 그저 이 나라가 저 나라보다 조금 낫다는 정도는 있었다. 정벌은 윗사람이 아랫사람을 치는 것이고, 대등한 제후국끼리는 서로 정벌하지 않는 것이다."

[語釋]
*정(征) : 정벌(征伐). *적(敵) : 여기에서는 필적(匹敵)으로, 서로 비슷한 상대나 대등한 나라를 말함.

[大意]
　정벌이라는 것은 지위가 높은 천자가 아랫사람인 제후에게 책임을 묻기 위해서 행하는 것인데, 《춘추》에 기록된 전쟁들은 하나같이 동등한 위치의 제후들끼리의 싸움이므로 정의로운 싸움이 아니었다고 말했다.

제3장

> 孟子曰 盡信書 則不如無書 吾於武成 取二三策而已矣 仁
> 맹자왈 진신서 즉불여무서 오어무성 취이삼책이이의 인
>
> 人無敵於天下 以至仁伐至不仁 而何其血之流杵也
> 인무적어천하 이지인벌지불인 이하기혈지류저야

맹자가 말했다. "《서경》을 그대로 다 믿는다면 《서경》이 없는 것만 못하다. 나는 '무성편(武成篇)'의 글 중에서 두세 구절만을 따를 뿐이다. 인자한 사람은 천하에 대적할 적이 없다. 지극히 인자한 사람이 지극히 인자하지 못한 사람을 정벌했는데, 어째서 그 피가 흘러서 방패를 띄울 정도가 되었겠는가?"

[語釋]

*무성(武成) : 《서경》의 한 편명(篇名). *책(策) : 간책(簡策) 또는 죽간(竹簡)으로, 책(册)과 통한다. *이이(而已) : 뿐, 따름. *지(至) : 지극(至極). 여기에서는 지극히 심하다는 말. *저(杵) : 공이나 방패(防牌)를 이르는 말.

[大意]

맹자는 유혈 전쟁을 부정했다. 그것은 덕으로써 어진 정치를 펴면 자연히 백성들의 마음을 얻게 된다고 생각했기 때문이다. '무성(武成)'은 무왕이 은나라의 폭군 주왕을 정벌한 전말을 기록

한 것으로, 피가 방패를 띄울 정도로 죽은 사람이 많았다는 기록은 잘못된 것이고, 서경의 내용도 다 믿을 수는 없는 것이라고 평가한 것이다.

제4장

孟子曰 有人曰 我善爲陳 我善爲戰 大罪也 國君好仁 天
맹자왈 유인왈 아선위진 아선위전 대죄야 국군호인 천

下無敵焉 南面而征北狄怨 東面而征西夷怨 曰 奚爲後我
하무적언 남면이정북적원 동면이정서이원 왈 해위후아

武王之伐殷也 革車三百兩 虎賁三千人 王曰 無畏 寧爾也
무왕지벌은야 혁거삼백량 호분삼천인 왕왈 무외 영이야

非敵百姓也 若崩厥角稽首 征之爲言正也 各欲正己也 焉
비적백성야 약붕궐각계수 정지위언정야 각욕정기야 언

用戰
용전

　맹자가 말했다. "어떤 사람이 '나는 전쟁에서 진을 치는 것에 능하고, 작전에도 능하다.'고 하면 그것은 큰 죄가 된다. 군주가 인자하면 천하에 대적할 사람이 없으니, 남쪽을 정벌하면 북쪽의 오랑캐가 원망하고, 동쪽을 정벌하면 서쪽 오랑캐가 원망하면서 '어째서 우리는 뒤로 미루는가?'라고 할 것이다. 무왕이 은나라를 정벌할 때에 병거가 3백 대이고, 용사가 3천 명에 지나지 않았다. 무왕이 '두려워하지 마라. 너희들을 편안하게 해주려고 하는 것이지, 적으로 삼으려는 것이 아니다.'고 말하니, 백성들은 무너지듯 머리를 숙이고 땅에 머리를 조아렸다. 정벌이란 말의 뜻은 바로잡는다는 것이다. 모두가 바로잡기를 바라는데, 전쟁을 할 필요가 있겠는가?"

[語釋]
*진(陳) : 진법(陣法), 군진(軍陣)을 치는 것. *혁거(革車) : 병거(兵車)를 말한다. *량(兩) : 량(輛), 수레를 말한다. 즉 병거(兵車) 한 대에 바퀴가 두 개 있으므로, 兩을 쓴 것이다. *호분(虎賁) : 호랑이같이 날래다는 것이니, 곧 근위병(近衛兵)을 말한다. *무외(無畏) : 두려워하지 말라. *궐각계수(厥角稽首) : 厥은 앞으로 숙이는 것을 말하고, 角은 이마를 말한다. 따라서 이마를 땅에 대고 절하는 것이다. 또는 마치 짐승이 그 뿔을 땅에 대듯이 머리를 숙여 하는 절을 말한다.

[大意]
　힘으로 나라를 다스리는 것은 인자하지 못한 것이니, 전쟁에 능한 것을 자랑하는 것은 큰 죄를 짓는 것과 같다.
　인자한 군주는 적은 병력으로도 인자하지 못한 사람을 이길 수 있으니, 무왕이 은나라 주왕을 토벌한 것이 그것이다. 따라서 정벌은 인의의 도로써 이루는 것이지 부국강병을 위한 도리가 아니라는 말이다.

제5장

> 孟子曰 梓匠輪輿能與人規矩 不能使人巧
> 맹자왈 재장륜여능여인규구 불능사인교

맹자가 말했다. "목공에 능한 목수와 수레를 만드는 장인은 다른 사람에게 도구를 사용하는 방법을 가르쳐 줄 수는 있지만, 그를 뛰어난 기술자가 되게 할 수는 없다."

[語釋]

*재(梓) : 판목(板木). 여기에서는 목공(木工)을 말한다. *장(匠) : 대목수(大木手), 기술자를 말한다. *륜여(輪輿) : 輪은 바퀴나 수레, 輿도 수레이다. 따라서 여기에서는 수레를 만드는 장인(匠人)을 뜻한다.

[大意]

덕이나 학문을 닦는 것을 목공과 수레바퀴를 만드는 기술에 비유해서 말했다.

방법을 가르쳐 주고 이끌어 줄 수는 있지만, 뛰어난 경지에 이르는 것은 배우는 사람의 노력과 실천에 달려 있는 것이다.

제6장

> 孟子曰 舜之飯糗茹草也 若將終身焉 及其為天子也 被袗
> 맹자왈 순지반구여초야 약장종신언 급기위천자야 피진
> 衣 鼓琴 二女果 若固有之
> 의 고금 이녀과 약고유지

맹자가 말했다. "순임금이 마른 밥과 푸성귀를 먹고 살 때에는 평생을 그럴 것 같았는데, 천자가 되고 나서 화려한 옷을 입고 거문고를 타며 두 여인의 시중을 받으니, 본래부터 그렇게 살아온 것 같았다."

[語釋]

*구(糗) : 볶은 보리. 마른 밥. 미숫가루. *여(茹) : 먹고 마시다. *초(草) : 여기에서는 푸성귀를 말한다. *진의(袗衣) : 아름다운 무늬가 있는 좋은 옷. *이녀과(二女果) : 二女는 요제(堯帝)의 두 딸을 말하고, 果는 와(婐)로 정숙하고 아름다운 것을 말하며, 시녀(侍女)라는 뜻도 있다.

[大意]

성인은 곤궁한 지경에 있든 귀한 지경에 있든 외적인 조건이나 환경에 따라서 마음이 동요되지 않으며 본심을 잃지 않는다는 말이다.

제7장

> 孟子曰 吾今而後知殺人親之重也 殺人之父 人亦殺其父
> 맹자왈 오금이후지살인친지중야 살인지부 인역살기부
>
> 殺人之兄 人亦殺其兄 然則非自殺之也 一閒耳
> 살인지형 인역살기형 연즉비자살지야 일간이

맹자가 말했다. "나는 이제야 비로소 남의 아버지를 죽이는 것이 얼마나 엄중한 것인가를 알았다. 남의 아버지를 죽이면 남도 또한 나의 아버지를 죽일 것이고, 남의 형을 죽이면 남도 또한 나의 형을 죽일 것이다. 그렇게 되면 자신이 자신의 아버지와 형을 죽이는 것과 별 차이가 없는 것이다."

[語釋]

*중(重) : 엄중(嚴重). 중대사(重大事). *일간(一閒) : 일간(一間). 약간의 차이를 말한다. 즉 차이가 거의 없다는 뜻.

[大意]

당시의 친 혈족을 위해서 저지르는 복수에 대해서 말했다.

남의 아버지나 형을 죽이면 상대방이 자신의 아버지나 형을 죽이게 되니, 그러면 자신이 자신의 아버지나 형을 죽이는 것과 다름이 없다는 말이다.

제8장

> 孟子曰 古之爲關也 將以禦暴 今之爲關也 將以爲暴
> 맹자왈 고지위관야 장이어포 금지위관야 장이위포

맹자가 말했다. "옛날에 관문을 만든 것은 포악한 행위를 막기 위해서였는데, 오늘날 관문을 만드는 것은 포악한 행위를 하기 위해서이다."

[語釋]

*관(關) : 관문(關門). *어(禦) : 방지(防止). 방어(防禦).

[大意]

옛날에는 관문을 설치해서 범죄 행위를 할 수 없도록 하는데 그 목적이 있었지만, 지금에 이르러서는 관문이 통행하는 사람이나 물품에 세금을 거두는 등의 나쁜 목적으로 이용되고 있다고 비판했다.

제9장

> 孟子曰 身不行道 不行於妻子 使人不以道 不能行於妻子
> 맹자왈 신불행도 불행어처자 사인불이도 불능행어처자

　맹자가 말했다. "자신이 스스로 도를 행하지 않는다면 처자에게도 행하게 할 수가 없고, 도리를 따라 사람을 부리지 않으면 처자도 부릴 수 없다."

[語釋]

*신(身) : 여기에서는 자신(自身)을 말한다. *사(使) : 사역(使役)으로, 남을 부리어 일을 시킴.

[大意]

　자신을 수양하고 다스려야 하는 도리를 말하고 있다. 즉 자신이 먼저 도리에 맞는 행동을 해야 남을 다스릴 수 있다는 말이다.

제10장

> 孟子曰 周于利者 凶年不能殺 周于德者 邪世不能亂
> 맹자왈 주우리자 흉년불능살 주우덕자 사세불능란

맹자가 말했다. "재산과 곡식을 쌓음에 용의주도한 사람은 흉년도 그를 죽일 수 없고, 덕을 쌓음에 용의주도한 사람은 사악한 세상도 그를 현혹하지 못한다."

[語釋]

*주(周) : 주도(周到). 족하다. 더할 나위 없다. 주의가 두루 미치고 빈틈없이 찬찬하다. *리(利) : 이익(利益). 여기에서는 재곡(財穀)으로, 재산과 곡식을 뜻한다.

[大意]

재산과 곡식을 부족하지 않게 준비해둔 사람은 흉년에도 굶지 않듯이, 덕을 좇아서 쌓은 사람은 혼란한 세상에서도 흔들림이 없이 자신을 지킬 수 있다는 말이다.

제11장

孟子曰 好名之人 能讓千乘之國 苟非其人 簞食豆羹見於色
맹자왈 호명지인 능양천승지국 구비기인 단사두갱견어색

맹자가 말했다. "명예를 존중하는 사람은 천승의 나라를 준다 해도 사양할 수 있으나, 진정으로 그러한 사람이 아니라면 한 그릇의 밥이나 한 사발의 국에서도 그 본색이 얼굴에 드러난다."

[語釋]

*명(名) : 여기에서의 名은 명예(名譽)를 의미한다. 그러나 '실제는 그렇지 못하면서 겉으로 허명(虛名)을 구하는 사람'으로 해석하기도 한다. *색(色) : 안색(顔色).

[大意]

진심으로 명예를 존중하는 사람이 아니면 부귀를 미련 없이 버리지 못하고, 작은 이익이 있는 것에서도 자신의 본색이 드러난다는 말이다.

제12장

> 孟子曰 不信仁賢 則國空虛 無禮義 則上下亂 無政事 則 財用不足
> 맹자왈 불신인현 즉국공허 무례의 즉상하란 무정사 즉 재용부족

　맹자가 말했다. "인자하고 현명한 사람을 믿지 않으면 나라는 공허해지고, 예의가 없으면 상하의 질서가 문란해지며, 바른 정사가 없으면 재정이 부족하게 된다."

[語釋]

*공허(空虛) : 유능한 사람이 없다는 말.　*정사(政事) : 좋게 나라를 다스리는 것.
*재용(財用) : 재정(財政).

[大意]

　인자하고 현명한 사람들을 존경하여 믿는 군주가 있으면 그 나라는 많은 현량(賢良)들이 모이게 되고, 예의가 확립되면 나라의 상하 질서가 잡혀서 사회가 안정되며, 좋은 정치를 베풀어 백성들을 계발시키면 재정적으로도 풍족하고 넉넉한 나라가 된다고 말이다.

제13장

> 孟子曰 不仁而得國者 有之矣 不仁而得天下 未之有也
> 맹자왈 불인이득국자 유지의 불인이득천하 미지유야

맹자가 말했다. "인자하지 못하면서 나라를 얻은 사람은 있었지만, 인자하지 못하면서 천하를 차지한 사람은 없었다."

[語釋]

*불인이득(不仁而得) : 인자하지 못해도 ~을 얻다. *유지의(有之矣) : 있다.

[大意]

유가에서 말하는 천하의 왕은 인의의 도리를 수행하는 사람이다. 힘으로 하면 전국칠웅처럼 하나의 나라는 취할 수 있지만, 천하를 얻어 다스리지는 못한다는 말이다. 따라서 맹자는 천하는 인의를 갖춘 성군만이 다스릴 수 있다고 했다.

제14장

> 孟子曰 民爲貴 社稷次之 君爲輕 是故得乎丘民而爲天子
> 맹자왈 민위귀 사직차지 군위경 시고득호구민이위천자
> 得乎天子爲諸侯 得乎諸侯爲大夫 諸侯危社稷 則變置 犧
> 득호천자위제후 득호제후위대부 제후위사직 즉변치 희
> 牲旣成 粢盛旣潔 祭祀以時 然而旱乾水溢 則變置社稷
> 생기성 자성기결 제사이시 연이한건수일 즉변치사직

맹자가 말했다. "백성이 가장 귀중하고, 사직은 그 다음이며, 군주는 가장 가벼운 존재다. 그렇기 때문에 백성들의 마음을 얻으면 천자가 되고, 천자의 마음을 얻으면 제후가 되며, 제후의 마음을 얻으면 대부가 된다. 제후가 사직을 위태롭게 하면 다른 사람으로 바꾼다. 미리 희생될 제물로 쓸 동물을 살찐 것으로 마련하고, 곡물은 깨끗한 것으로 마련해서 제때에 맞게 제사를 지냈는데도, 가뭄과 홍수가 있으면 사직을 옮긴다."

[語釋]

*사직(社稷) : 社는 토지신(土地神)이고, 稷은 오곡신(五穀神). *구민(丘民) : 여기에서는 일반 백성을 말함. *기(旣) : 여기에서는 준비가 되었다는 말. *성(成) : 성숙(成熟). 살찐 것. *자성(粢盛) : 제기(祭器)에 제사에 쓸 곡식을 담아 괴어 놓은 것. *한간수일(旱乾水溢) : 가뭄과 물난리를 말한다.

[大意]

군주는 백성들의 마음을 헤아려서 그 마음을 얻어야 하고, 그렇지 못하여 사직을 위태롭게 하면 바뀌게 되며, 사직을 위하여 정성껏 제사를 모시고도 나라에 재난이 있을 경우에는 사직을 옮겨 모셔야 된다고 했다.

제15장

> 孟子曰 聖人 百世之師也 伯夷 柳下惠是也 故聞伯夷之風
> 맹자왈 성인 백세지사야 백이 류하혜시야 고문백이지풍
> 者 頑夫廉 懦夫有立志 聞柳下惠之風者 薄夫敦 鄙夫寬
> 자 완부렴 나부유립지 문류하혜지풍자 박부돈 비부관
> 奮乎百世之上 百世之下 聞者莫不興起也 非聖人而能若
> 분호백세지상 백세지하 문자막불흥기야 비성인이능약
> 是乎 而況於親炙之者乎
> 시호 이황어친자지자호

맹자가 말했다. "성인은 백세(百世)의 스승이니, 백이와 유하혜가 그러하다. 그러므로 백이의 기풍을 전해 들으면 탐욕스런 사람도 청렴해지고, 나약한 사람도 뜻을 세우게 된다. 유하혜의 기풍을 전해 들으면 각박한 사람도 돈후해지고, 편협한 사람도 너그러워진다. 백세 이전에 일어났던 사실이 백세 이후에 듣는 사람으로 하여금 감동하지 않는 사람이 없으니, 성인이 아니고서야 어찌 이렇게 할 수 있겠는가? 하물며 성인에게서 직접 가르침을 받은 사람은 어떻겠는가?"

[語釋]

*완(頑) : 고루(固陋)하다. 어리석다. 여기에서는 **탐욕**(貪慾)의 뜻. *나(懦) : 나약

하고 겁이 많은 것을 말한다. *돈(敦) : 돈후(厚也). *비(鄙) : 인색하다. 편협하다.
*상하(上下) : 여기에서는 백세 이전(以前)과 이후(以後)를 말한다. *흥기(興起)
: 감동해서 분발하다. *친자(親炙) : 가까이에서 혹은 직접 가르침을 받는 것.

[大意]

  성인에게서 받는 감화가 사람들에게 얼마나 크게 미치는가에 대해서 백이와 유하혜의 예를 들어 얘기했다.

  전해서 들은 옛 성현의 감화가 이렇게 큰데 가까이에서 직접 가르침을 받으면 얼마나 위대할 것인가.

  스승이 없다고 탓하지 말고 오직 스스로 걷지 못할 것을 경계해야 한다.

제16장

> 孟子曰 仁也者 人也 合而言之 道也
> 맹자왈 인야자 인야 합이언지 도야

맹자가 말했다. "인은 사람이 행하는 것이고, 인과 사람을 합쳐서 말하면 도(道)가 된다."

[語釋]

*인야자(仁也者) : 인을 행하는 사람.

[大意]

인의예지(仁義禮智)는 본성에서 나오는 것이고, 인성(人性)은 본래 선한 것이다. 이러한 본성이 선한 것을 따르는 것이 사람의 도리인 것이다. 그러므로 인도(人道)는 인도(仁道)이다. 따라서 인(仁)은 사람의 본질이고 사람이 추구해야 하는 길인 것이다.

제17장

> 孟子曰 孔子之去魯 曰 遲遲吾行也 去父母國之道也 去齊
> 맹자왈 공자지거로 왈 지지오행야 거부모국지도야 거제
>
> 接淅而行 去他國之道也
> 접석이행 거타국지도야

맹자가 말했다. "공자가 노나라를 떠나실 때에 '내 발걸음이 너무 더디고 더디다.'라고 하셨는데, 그것은 부모의 나라를 떠나가는 도리이다. 그러나 제나라를 떠나실 때에는 밥을 지으려고 일었던 쌀을 건져서 급히 떠나셨는데, 그것은 다른 나라를 떠나가는 도리이다."

[語釋]
*접(接) : 여기에서는 '건지다'의 뜻. *석(淅) : 쌀을 일다. 씻은 쌀.

[大意]
군자가 주어진 여건에 따라서 처세하는 입장이 달라지는 것을 말했다. 즉 때에 따르는 처세와 주어진 여건에 따르는 변화에 대해서 피력한 것이다.

제18장

> 孟子曰 君子之厄於陳蔡之間 無上下之交也
> 맹자왈 군자지액어진채지간 무상하지교야

맹자가 말했다. "공자가 진나라와 제나라에서 화를 당하신 것은 그쪽 군주나 신하와의 교분이 없었기 때문이다."

[語釋]

*군자(君子) : 여기에서는 공자(孔子)를 말한다. *액(厄) : 재앙(災殃). *상하(上下) : 여기에서는 군신(君臣)을 말함.

[大意]

《논어》'위령공편'에 공자가 진나라와 채나라 사이에서 당한 횡액을 예로 들어 군자는 세속과 타협하지 않는다는 것을 말한 것이다.

공자가 초나라의 초빙을 받아 가는 길에 진나라와 채나라의 대부들이 공자가 자신들의 잘못을 비판함으로써 자신들이 입을 화를 염려하여 공자 일행을 포위하고 위협했는데, 맹자는 공자가 그러한 횡액을 당한 이유를 진나라와 채나라의 군주나 신하가 모두 무도한 사람들이라 평소에 그들과 친하지 않았기 때문이라고 본 것이다.

제19장

> 貉稽曰 稽大不理於口 孟子曰 無傷也 士憎兹多口 詩云 憂
> 맥계왈 계대불리어구 맹자왈 무상야 사증자다구 시운 우
> 心悄悄 慍于群小 孔子也 肆不殄厥慍 亦不隕厥問 文王也
> 심초초 온우군소 공자야 사불진궐온 역불운궐문 문왕야

맥계가 말했다. "저는 여러 사람들로부터 비난을 받고 있습니다." 맹자가 말했다. "상심할 것 없습니다. 선비는 많은 사람으로부터 여러 말을 듣습니다. 《시경》에 '근심이 가슴에 찼으니 하찮은 무리들의 노여움을 산다.'라고 했는데, 바로 공자의 경우에 해당합니다. 또 '그들의 노여움은 없애지 못했지만 명성을 잃지도 않았다.'고 했으니, 문왕의 경우가 그런 경우입니다."

[語釋]

*초초(悄悄) : 근심하는 모양. *온(慍) : 성내다. *사(肆) : 여기에서는 발어사(發語辭). *불진(不殄) : 殄은 끊어지다. 따라서 不殄은 '끊어지지 않다'의 뜻. *운(隕) : 떨어뜨리다. *문(問) : 여기에서는 소문(所聞)이나 명성(名聲)을 뜻해서, 어질다는 소문을 말함.

[大意]

세상의 평판이란 진실하지 못한 것이 많고 바른 도리를 행함에

는 세속의 많은 비난이 따르게 마련이니, 자신만 올바르면 다른 것은 신경을 쓸 필요가 없다는 말이다.

제20장

> 孟子曰 賢者以其昭昭 使人昭昭 今以其昏昏 使人昭昭
> 맹자왈 현자이기소소 사인소소   금이기혼혼   사인소소

맹자가 말했다. "현명한 사람은 자신의 밝은 도리로 남을 밝게 했는데, 지금 사람들은 어두운 도리로 남을 밝게 하려고 한다."

[語釋]

*소소(昭昭) : 사리(事理)가 환하고 뚜렷함이니, 도리가 밝은 것을 말한다. *금(今) : 여기에서는 금인(今人)으로, 당시의 정치인들을 말한다. *혼혼(昏昏) : 흐린 모양을 말함.

[大意]

옛날의 현명한 사람들은 자신의 덕을 쌓아서 그것을 실천하는 모범을 보임으로서 모든 사람들의 존경을 받았다. 그러나 당시의 정치인들은 사리사욕에 급급해서 백성들의 원망을 산 나머지 나라가 위태로워지기도 했으니, 덕으로써 나라와 백성을 돌보아야 한다는 것을 제시한 말이다.

제21장

> 孟子謂高子曰 山徑之蹊間 介然用之而成路 爲間不用 則
> 맹자위고자왈 산경지혜간 개연용지이성로 위간불용 즉
> 茅塞之矣 今茅塞子之心矣
> 모색지의 금모색자지심의

맹자가 고자에게 말했다. "산 속의 작은 길이라도 계속 다니게 되면 길이 되고, 잠깐 동안이라도 다니지 않으면 풀이 우거져서 막히게 된다. 지금 자네의 마음이 풀이 자라서 막혀 있구나."

[語釋]
*산경(山徑) : 산 속의 작은 길. *혜(蹊) : 지름길. 여기에서는 사람의 발자국이 난 곳을 말한다. *개연(介然) : 문득 잠시 동안. 어느 기간 동안. *용지(用之) : 여기에서는 그 길을 통하여 다니는 것을 말한다. *위간(爲間) : 잠시(暫時). 잠깐 동안. *모색(茅塞) : 풀이 우거져 길이 막힘.

[大意]
사람의 타고난 본성을 지키려면 덕을 쌓음에 게을리 하지 말아야 한다고 말했다.

타고난 바탕이 아무리 좋아도 그것을 꾸준히 수양하지 않으면 외물에 현혹되어 선한 본성을 잃게 된다.

제22장

> 高子曰 禹之聲 尚文王之聲 孟子曰 何以言之 曰 以追蠡
> 고자왈 우지성 상문왕지성 맹자왈 하이언지 왈 이추려
>
> 曰 是奚足哉 城門之軌 兩馬之力與
> 왈 시해족재 성문지궤 양마지력여

고자가 "우임금 때의 음악이 문왕 때의 음악보다 나은 것 같습니다."고 하자, 맹자가 물었다. "어째서 그렇게 말하는가?" 고자가 대답했다. "종을 매는 꼭지가 닳아 끊어질 듯하기 때문입니다." 맹자가 말했다. "어떻게 그것 때문에 그렇다고 할 수가 있는가? 성문 안에 난 바퀴 자국이 두 마리 말의 힘만으로 만들어진 것이겠는가?"

[語釋]

*퇴(追) : 종(鐘)을 매는 끈. 즉 종이 매달리는 꼭지 또는 종을 치는 당목(撞木)이 닿는 한 부분을 말한다. *려(蠡) : 마멸(磨滅). 닳다. 벌레가 나무를 갉아 먹은 것같이 닳아진 모양을 말하며, 여기에서는 종의 꼭지가 다 닳은 것을 나타낸다.

[大意]

종의 꼭지가 닳은 것이 더하고 덜한 것은 많이 사용한 까닭도 있지만, 실은 우왕과 문왕 사이의 세월이 천여 년이 격한 때문이

다. 길에 난 수레바퀴 자국은 오랜 시간 수레들이 지나다닌 결과이다. 따라서 모든 사물은 눈앞에 보이는 것만으로 우열을 판단하지 말라는 말이다.

제23장

> 齊饑 陳臻曰 國人皆以夫子將復爲發棠 殆不可復 孟子曰
> 제 기 진 진 왈   국인개이부자장부위발당   태불가부 맹자왈
> 是爲馮婦也 晉人有馮婦者 善搏虎 卒爲善士 則之野 有眾
> 시위풍부야 진인유풍부자 선박호 졸위선사 즉지야 유중
> 逐虎 虎負嵎 莫之敢攖 望見馮婦 趨而迎之 馮婦攘臂下車
> 축호 호부우 막지감영 망견풍부 추이영지 풍부양비하거
> 眾皆悅之 其爲士者笑之
> 중개열지   기위사자소지

제나라에 기근이 들었을 때 진진이 말했다. "나라의 백성들은 선생님께서 당 고을의 창고에 있는 곡식을 풀게 건의할 것이라고 생각합니다만, 다시 한번 그렇게 하시겠습니까?" 맹자가 말했다. "그렇게 하면면 풍부와 같은 사람이 된다. 진나라에 풍부라는 사람이 범을 때려잡기를 잘했는데 나중에는 선한 선비가 되었다. 훗날 그가 들에 나갔는데, 사람들이 범을 쫓고 있었다. 범이 산모퉁이를 등지고 버티고 있어서 사람들이 감히 가까이 가지 못하다가 풍부를 보고는 달려가서 맞이했다. 풍부가 팔을 걷으며 수레에서 내리자 사람들은 모두 기뻐했으나, 뜻있는 선비들은 그를 비웃었다.

[語釋]

*발(發) : 나라에 기근(饑饉)이 들었을 때 나라에서 비축한 곡식을 방출하여 빈궁한 사람들을 도와주는 것. *당(棠) : 제(齊)나라의 양곡창고(糧穀倉庫)가 있었던 고을 이름. *태불가부(殆不可復) : 다시 할 수 있겠느냐는 뜻의 완곡한 표현의 의문문(疑問文). 이때 殆는 '대개, 장차, 마땅히, 필시' 등의 뜻이고, 復는 '부'로 읽으며 '다시'라는 뜻이다. *풍부(馮婦) : 사람 이름. *박(搏) : 여기에서는 무기(武器) 없이 맨손으로 호랑이를 때려잡는 것. *졸(卒) : 여기에서는 후(後)의 뜻. *부우(負嵎) : 嵎는 산곡(山曲), 즉 산모퉁이를 말한다. 負는 믿고 버티는 것. *영(攖) : 가까이 접근하다. *소(笑) : 여기에서는 비웃는다는 뜻.

[大意]

이미 할 수 없는 일을 다시 하려고 한다면 남들의 비웃음을 살 것이라는 것을 풍부라는 사람의 일화에 비유하여 설명했다.

맹자는 일찍이 제나라에서 왕을 설득하여 이상적인 정치를 해 보고자 했으나 뜻대로 되지 않아서 실망한 적이 있고, 그 즈음에 제나라에 흉년이 들자 왕에게 건의해서 백성들에게 베풀도록 한 적이 있었다. 그러나 그런 이상적인 정책들은 일시적인 일로 그쳤고, 이에 실망한 맹자는 제나라에서 펼쳐보려던 그의 뜻을 포기했던 것이다.

제24장

> 孟子曰 口之於味也 目之於色也 耳之於聲也 鼻之於臭也
> 맹자왈 구지어미야 목지어색야 이지어성야 비지어취야
> 四肢之於安佚也 性也 有命焉 君子不謂性也 仁之於父子
> 사지지어안일야 성야 유명언 군자불위성야 인지어부자
> 也 義之於君臣也 禮之於賓主也 智之於賢者也 聖人之於
> 야 의지어군신야 예지어빈주야 지지어현자야 성인지어
> 天道也 命也 有性焉 君子不謂命也
> 천도야 명야 유성언 군자불위명야

 맹자가 말했다. "입은 좋은 맛을 원하고, 눈은 아름다운 색을 원하며, 귀는 듣기 좋은 소리를 원하고, 코는 향기로운 냄새를 원하며, 몸은 편안하기를 원하는 것은 모두 사람의 본성이지만, 운명이라는 것이 있어서 군자는 그것을 본성이라고 하지 않는다. 부자간의 인자함과 군신간의 의리와 주객간의 예의가 있고, 어진 사람이 지혜를 갖추고 성인이 하늘의 도리를 행하는 것은 마음대로 못하는 운명이기는 하지만, 거기에는 사람의 본성이 들어있다. 그래서 군자는 그것을 운명이라고 하지 않는 것이다."

[語釋]

*유명언(有命焉) : 여기에서의 命은 천명(天命) 즉 운명과 같은 것으로, 마음대로

안 되는 命을 말한다. 사람의 힘으로는 어떻게 할 수 없는 운명적인 것이 개재(介在)되어 있다는 말. *명(命) : 운명(運命). 마음대로 안 되는 命을 말한다. 인간의 타고난 인의예지(仁義禮智) 역시 마음대로 안 되는 것이지만, 여기에서는 그 바탕에 도덕성이 있기 때문에 노력하는 것에 따라서 그 실현이 가능하다. 따라서 덕이 높은 군자는 물욕적이고 감각적인 본능은 인성(人性)에서 제외하고 도덕적인 것만을 인정한다.

[大意]

성선설을 주장하는 맹자의 입장에서 타고난 본성과 운명에 대해서 다시 정의하고 있다.

감각기관 즉 이목구비에서 느끼는 감각적 본능은 인간의 본성이기는 하지만 그것에는 바탕에 사람의 힘으로는 어떻게 할 수 없는 운명적인 것이 개재되어 있다. 따라서 본능의 욕구를 무한정 추구할 수가 없는 것이다. 그러나 인간의 인의예지(仁義禮智) 또한 마음대로는 되지 않는 운명적인 것이지만 그 바탕에 도덕성이 있으므로 노력에 따라서는 실현가능한 것이라, 그것들은 운명이 아니고 인간이 지닌 본성이라고 해야 된다는 것이다.

제25장

> 浩生不害問曰 樂正子 何人也 孟子曰 善人也 信人也 何
> 호생불해문왈 악정자 하인야 맹자왈 선인야 신인야 하
> 謂善 何謂信 曰 可欲之謂善 有諸己之謂信 充實之謂美
> 위선 하위신 왈 가욕지위선 유제기지위신 충실지위미
> 充實而有光輝之謂大 大而化之之謂聖 聖而不可知之之
> 충실이유광휘지위대 대이화지지위성 성이불가지지
> 謂神 樂正子 二之中 四之下也
> 위신 악정자 이지중 사지하야

호생불해가 맹자에게 물었다. "악정자는 어떤 사람입니까?" 맹자가 대답했다. "선하고, 믿음직한 사람이다." 다시 물었다. "무엇을 선하다고 하고, 무엇을 믿음직하다고 합니까?" 맹자가 대답했다. "남들이 자신을 좋아하게 하는 것을 선하다고 하고, 그런 선한 것을 자신의 몸에 지니고 있는 것을 믿음직하다고 하며, 선한 것이 몸에 가득 차 있는 것을 아름답다고 하고, 가득차서 빛이 나는 것을 위대하다고 하며, 위대하여 남을 감화시키는 것을 성스럽다고 하고, 성스러워서 알 수 없는 것을 신령스럽다고 한다. 악정자는 앞의 두 가지의 가운데에 있고, 뒤의 네 가지보다는 아래에 있는 사람이다."

[語釋]

*호생불해(浩生不害) : 호생(浩生)은 성(姓)이고, 불해(不害)는 이름. 제(齊)나라 사람. *악정자(樂正子) : 노(魯)나라 사람으로 맹자의 제자. *가욕지위선(可欲之謂善) : 사람됨이 선해서 사귈 만한 사람을 선인(善人)이라고 한다. 즉 可欲이란 세상의 이치가 착하면 가까이 하고 싶어지는 것을 말한다. *이지중사지하야(二之中四之下也) : 二之는 선(善)과 신(信)을 말하고, 四之는 미대성신(美大聖神)을 말한다.

[大意]

맹자의 제자 악정자의 사람됨에 대해서 논했다. 즉 사람의 됨됨이에 따라서 나타나는 선신미대성신(善信美大聖神)에 대해서 정의했다고 볼 수 있다.

악정자는 맹자의 제자로 훗날 제나라의 재상이 되었다. 맹자가 악정자를 좋아한 까닭은 그가 선하고 믿음직스러워서였다.

제26장

> 孟子曰 逃墨必歸於楊 逃楊必歸於儒 歸 斯受之而已矣 今
> 맹 자 왈 도 묵 필 귀 어 양 도 양 필 귀 어 유 귀 사 수 지 이 이 의 금
>
> 之與楊墨辯者 如追放豚 旣入其苙 又從而招之
> 지 여 양 묵 변 자 여 추 방 돈 기 입 기 립 우 종 이 초 지

맹자가 말했다. "묵가에서 빠져 나오면 반드시 양주에게 가게 되고, 양주에서 빠져 나오면 반드시 유가로 돌아온다. 돌아오면 받아들일 따름이지만, 오늘날 양주나 묵가와 논쟁을 하는 사람들은 마치 놓진 돼지를 쫓는 것 같아서, 이미 우리 안으로 들어갔는데 다시 따라가서 그 다리를 묶는다."

[語釋]

*묵(墨) : 묵자학파(墨子學派). *양(楊) : 양주학파(楊朱學派). *유(儒) : 공자학파(孔子學派). *사(斯) : 여기에서는 즉(則)과 같은 의미. *추(追) : 여기에서는 쫓아가서 붙잡는 것을 말한다. *립(苙) : 짐승우리. *초(招) : 속박하다. 옭아매다.

[大意]

맹자는 양주학파와 묵자학파를 이단으로 간주하고, 그들의 학설에서 빠져나와 유가로 돌아오는 사람들을 포용하는 자세에 대해서 말했다. 잘못을 알고 돌아오면 받아들일 따름이지 잘못을

너무 따지는 것은 달아났다가 우리로 돌아온 돼지의 다리를 묶는 것과 같다고 했다.

제27장

> 孟子曰 有布縷之征 粟米之征 力役之征 君子用其一 緩其
> 맹자왈 유포루지정 속미지정 역역지정 군자용기일 완기
> 二 用其二而民有殍 用其三而父子離
> 이 용기이이민유표 용기삼이부자리

맹자가 말했다. "세금을 부과하는 데에는 베와 실로 거두는 것, 곡식으로 거두는 것, 그리고 노동력으로 거두는 것이 있다. 군자는 그 중에서 한 가지 만을 적용하고 나머지 두 가지는 완화해 준다. 그 중에서 두 가지를 적용하면 백성들이 굶주려 죽는 일이 있게 되고, 세 가지를 함께 적용하면 아비와 아들이 헤어지게 된다."

[語釋]

*포루(布縷) : 천과 명주실. *정(征) : 징수(徵收). 여기에서는 세금을 거두는 것을 말한다. *속미(粟米) : 날곡식과 찧은 곡식. 여기에서는 나라에 내는 세곡(稅穀). *력역(力役) : 부역(賦役). *완(緩) : 완화(緩和). 여기에서는 일시적인 폐지(廢止)를 의미함. *표(殍) : 표아(殍餓). 굶주려 죽다. 여기에서는 굶어죽은 시체.

[大意]

적절하게 세금을 거두고 노동력을 동원하는 것이 백성들을 위

하고 나라를 살리는 길이라는 것을 강조했다.

제28장

> 孟子曰 諸侯之寶三 土地 人民 政事 寶珠玉者 殃必及身
> 맹 자 왈 제 후 지 보 삼 토 지 인 민 정 사 보 주 옥 자 앙 필 급 신

맹자가 말했다. "제후에게는 세 가지 보물이 있으니, 토지와 백성과 정치가 그것이다. 주옥만 보물로 여기는 사람은 재앙이 반드시 그 몸에 미치게 된다."

[語釋]

*보(寶) : 동사(動詞) 용법으로 '보배롭게 여기다'의 뜻. *토지(土地) : 여기에서는 영토(領土)나 국토(國土)를 말한다. *인민(人民) : 백성.

[大意]

백성과 토지와 정치가 나라를 다스리는 요소라는 것을 제후들에게 강조했다.

나라에는 사람이 머무는 땅이 있어야 하고, 그 땅에 사는 사람이 있어야 하며, 사는 사람들에게 합당한 질서 즉 정치가 있어야 한다. 이 가운데 하나라도 부족하거나 실행하지 못하면, 군주는 나라를 잃고 천하의 버림을 받게 된다.

제29장

> 盆成括仕於齊 孟子曰 死矣盆成括 盆成括見殺 門人問日
> 분성팔사어제 맹자왈 사의분성괄 분성괄견살 문인문왈
> 夫子何以知其將見殺 曰 其爲人也小有才 未聞君子之大
> 부자하이지기장견살 왈 기위인야소유재 미문군자지대
> 道也 則足以殺其軀而已矣
> 도야 즉족이살기구이이의

 분성괄이라는 사람이 제나라에서 벼슬을 하게 되었는데, 맹자가 말했다. "분성괄은 곧 죽을 것이다." 과연 분성괄이 살해되자, 제자가 맹자에게 물었다. "선생님께서는 어떻게 그가 죽을 것을 아셨습니까?" 맹자가 대답했다. "그 사람은 소인이었지만 재주가 있었는데, 군자의 대도를 듣지 못했으니 그것으로 자신의 몸을 죽이기에 넉넉하다."

[語釋]

*분성괄(盆成括) : 盆成은 성(姓), 이름이 括이다. 맹자의 문하에 있다가 도(道)를 미처 깨치기 전에 제(齊)나라로 가서 벼슬을 살았다고 한다.

[大意]

 덕이나 가치 의식이 없는 재능은 남에게 해를 주게 되고 스스로를 파괴하게 한다는 말이다.

제30장

> 孟子之滕 館於上宮 有業屨於牖上 館人求之弗得 或問之曰
> 맹자지등 관어상궁 유업구어유상 관인구지불득 혹문지왈
>
> 若是乎從者之廋也 曰 子以是爲竊屨來與 曰 殆非也 夫予
> 약시호종자지수야 왈 자이시위절구래여 왈 태비야 부여
>
> 之設科也 往者不追 來者不距 苟以是心至 斯受之而已矣
> 지설과야 왕자불추 내자불거 구이시심지 사수지이이의

　맹자가 등나라에 가서 상궁에 유숙하고 있었다. 창문 위에 만들다가 놓아둔 짚신이 있었는데, 여관 주인이 그것을 찾았으나 보이지 않았다. 어떤 사람이 "그럴 수 있습니까? 선생을 따라 온 사람이 훔쳤을 것입니다."고 말하자, 맹자가 말했다. "당신은 내 제자들이 신을 훔치러 여기 온 줄 아시오?" 그러자, 그가 "그렇지는 않았겠지요."라고 했다. 맹자가 "내가 교육과정을 설정하고 제자를 받아들이면서 가는 사람을 붙잡지 않고 오는 사람 거절하지도 않았소. 진실로 배우고자 하는 마음으로 오면 그를 받아들일 따름이오." 라고 말했다.

[語釋]

*관(館) : 여기에서는 투숙(投宿) 또는 유숙(留宿)함. *상궁(上宮) : 오늘날의 고급 여관. *업구(業屨) : 여기에서는 '만들고 있던 신발'의 의미. *유(牖) : 창(窓). 살창.

*관인(館人) : 여관(旅館)의 주인. *수(廋) : 은익(隱匿). 숨기다. *태(殆) : 반드시. 마땅히. *태비야(殆非也) : 당연히 그렇지 않다. *설과(設科) : 교육과정(敎育課程)을 설정(設定)함.

[大意]
여관에서의 일화를 들어 가르치는 제자들에 대한 맹자의 견해를 말했다. 즉 배우려는 사람의 신분이나 지위 같은 기준을 떠나서 오직 배우겠다고 하면 누구나 제자로 받았고, 또 떠나는 사람은 잡지 않았으니, 그 중에 신발을 훔치려고 하는 사람도 있을 수 있다는 것이다. 즉 겉으로는 다 같은 사람이므로 가르쳐 본성이 나오도록 할 뿐이라는 말이다.

제31장

> 孟子曰 人皆有所不忍 達之於其所忍 仁也 人皆有所不為
> 맹자왈 인개유소불인 달지어기소인 인야 인개유소불위
> 達之於其所為 義也 人能充無欲害人之心 而仁不可勝用
> 달지어기소위 의야 인능충무욕해인지심 이인불가승용
> 也 人能充無穿踰之心 而義不可勝用也 人能充無受爾汝
> 야 인능충무천유지심 이의불가승용야 인능충무수이여
> 之實 無所往而不為義也 士未可以言而言 是以言餂之也
> 지실 무소왕이불위의야 사미가이언이언 시이언첨지야
> 可以言而不言 是以不言餂之也 是皆穿踰之類也
> 가이언이불언 시이불언첨지야 시개천유지류야

맹자가 말했다. "사람은 누구나 차마 못할 것이 있는데, 이것에 상관없이 할 수 있는 것까지 널리 포함하는 것이 인자한 것이다. 사람은 누구나 하려고 하지 않는 것이 있는데, 이것에 상관없이 할 수 있는 것까지 널리 포함하는 것이 의로움이다. 사람이 남을 해치지 않는 마음을 넓히면 인자함은 다 쓰고도 남는다. 사람이 벽을 뚫거나 담을 뛰어넘지 않는 마음을 넓히면 의로움은 다 쓰고도 남는다. 남에게 이놈 저놈 하는 소리를 듣지 않는 마음을 넓히면 어떤 일에든 의롭지 않은 것이 없을 것이다. 선비가 말해서는 안 될 때 말을 하면 그것은 말하는 것으로 남의 것을 빼앗는 것이 되고, 말해야 할 때 말하지 않으면 그것은 말하지 않는 것으로 남의 것을 빼앗는 것이 된다. 이런 것들은 모두 담을 넘거나 벽을 뚫는 것과 같은 짓이다."

[語釋]
*불인(不忍) : 측은지심(惻隱之心)을 말한다. *달(達) : 여기에서는 미루어 나가는 것을 말한다. *불위(不爲) : 차악지심(羞惡之心)을 말한다. *천유(穿踰) : 천유(穿窬), 즉 穿은 구멍을 뚫는 것이고 踰는 담을 뛰어 넘는 것으로, 곧 도둑질을 말한다. *이여(爾汝) : 이놈 저놈 하며 천대하여 부르는 것. *첨(餂) : 甜의 옛글자. 달다. 낚다. 꾀어내다. 여기에서는 염탐(廉探)해서 훔쳐오는 것을 말한다.

[大意]
사람이 차마 모질게 굴지 못하는 마음을 넓혀서 자신이 사랑하지 않는 것에게까지 사랑하는 마음으로 대하면 그것이 다름 아닌 인자함이고, 마찬가지로 의리와 체면 때문에 하지 못하는 마음을 넓혀서 자신이 아무렇지도 않게 할 수 있는 것에까지 모두 포함해서 적용하면 그것이 다름 아닌 의로움이다.

이런 인의의 마음을 항상 쓸 수 있도록 수양하면 인의는 다 쓰지 못할 만큼 충분히 갖춰지는 것이다.

제32장

> 孟子曰 言近而指遠者 善言也 守約而施博者 善道也 君子
> 맹자왈 언근이지원자 선언야 수약이시박자 선도야 군자
> 之言也 不下帶而道存焉 君子之守 修其身而天下平 人病
> 지언야 불하대이도존언 군자지수 수기신이천하평 인병
> 舍其田而芸人之田 所求於人者重 而所以自任者輕
> 사기전이운인지전 소구어인자중 이소이자임자경

맹자가 말했다. "비근하면서도 그 뜻이 심원한 것이 좋은 말이고, 실행하기 좋으면서 그 효과가 널리 미치는 것이 좋은 도리이다. 군자의 말은 일상적인 것이지만 그 말에는 도리가 들어 있다. 그러므로 군자는 자신을 수양함으로써 천하를 태평하게 한다. 사람들의 병폐는 자기 밭은 버려두고 남의 밭을 김매는 것이니, 남에게 요구하는 것은 중요하게 여기고 자신의 책임은 가볍게 생각하기 때문이다."

[語釋]

*근(近) : 비근(卑近). *지(指) : 지(旨). 뜻. *약(約) : 간략(簡約). *수약(守約) : 약속을 지킴, 즉 실천함. *불하대(不下帶) : 허리띠 아래로 내려가지 않음, 곧 눈앞에서 볼 수 있는 일상적인 것. *운(芸) : 여기에서는 김을 맨다는 뜻.

[大意]

  도를 실행함에 먼저 자신의 도가 올바른가를 살펴야 한다. 진리 혹은 도라고 하는 것은 고원하고 초월적인 것이 아니고 우리가 항상 대하는 대상들과 함께 있다. 진리는 가까이에서 찾아야 하고, 그 뜻은 깊어야 하나 그 설명에 있어서는 가까이에 있는 일상의 사물과 사건을 대상으로 해야 한다.

제33장

孟子曰 堯舜 性者也 湯武 反之也 動容周旋中禮者 盛德
맹자왈 요순 성자야 탕무 반지야 동용주선중례자 성덕

之至也 哭死而哀 非為生者也 經德不回 非以干祿也 言語
지지야 곡사이애 비위생자야 경덕불회 비이간록야 언어

必信 非以正行也 君子行法 以俟命而已矣
필신 비이정행야 군자행법 이사명이이의

맹자가 말했다. "요임금과 순임금은 본성 그대로 실천했고, 탕왕과 무왕은 노력해서 본성을 회복했다. 행동이 예의에 맞는 것은 덕이 지극한 것이다. 죽은 사람에 대해 곡을 하는 것은 산 사람을 위해서가 아니고, 덕을 바르게 행하는 것은 녹을 받으려고 해서가 아니다. 말에 믿음이 있는 것은 행실을 바르게 하려는 것이 아니다. 군자는 도리를 따라 행함으로 천명을 기다릴 따름이다."

[語釋]

*성자(性者) : 본성대로 행하는 것. *반지(反之) : 여기에서는 본성(本性)을 회복한 것을 말한다. *동용주선(動容周旋) : 동작(動作)과 의용(儀容)과 진퇴(進退), 즉 기거동작(起居動作)을 말한다. *중(中) : 적중(適中). 여기에서는 합당(合當) 또는 적합(適合)하다는 말. *경(經) : 여기에서는 일상(日常)으로 하는 것, 즉 행하는 것을 말한다. *회(回) : 여기에서는 '어기다, 굽히다'의 뜻. *간(干) : 여기에서는

'구(求)하다'의 뜻. *법(法) : 하늘의 마땅한 이치(理致). *사(俟) : 대(待). 기다리다.

[大意]
 군자는 행위를 함에 있어서 그 행위가 올바른 것이라서 하는 것이지 어떤 이익이나 명예를 목적으로 하는 것이 아니라는 것을 옛 성현들의 예를 들어 설명했다.

제34장

> 孟子曰 說大人 則藐之 勿視其巍巍然 堂高數仞 榱題數尺
> 맹자왈 세대인 즉막지 물시기외외연 당고수인 최제수척
> 我得志弗爲也 食前方丈 侍妾數百人 我得志弗爲也 般樂
> 아득지불위야 식전방장 시첩수백인 아득지불위야 반락
> 飮酒 驅騁田獵 後車千乘 我得志弗爲也 在彼者 皆我所不
> 음주 구빙전렵 후거천승 아득지불위야 재피자 개아소불
> 爲也 在我者 皆古之制也 吾何畏彼哉
> 위야 재아자 개고지제야 오하외피재

맹자가 말했다. "대인을 설득할 때는 그를 가볍게 여기고 그의 높은 위세를 생각하면 안 된다. 높이가 여러 길이나 되고 서까래가 몇 자가 되는 집은, 내가 뜻을 이루어도 짓고 살지 않을 것이다. 사방 열 자나 되는 상에 음식을 차려 놓고, 시중드는 첩을 수백 명이나 두는 짓은 내가 뜻을 이루어도 하지 않을 것이다. 술을 마시며 마음껏 즐기고 말을 달리며 사냥하는 데에 뒤따르는 수레가 천 대나 되는 짓은, 내가 뜻을 이루어도 하지 않을 것이다. 그들이 하는 짓은 모두 내가 하려고 하지 않는 것들이지만, 나에게 있는 것은 모두가 예부터 내려오는 법도이다. 내가 무엇 때문에 그들을 두려워하겠는가?"

[語釋]
*세(說) : 유세(遊說). 설득(說得). *대인(大人) : 여기에서는 신분이 높고 집권층에 속해 있는 사람을 말한다. *묘(藐) : 가볍게 여기는 것. *외외연(巍巍然) : 높은 모양으로, 여기에서는 '부귀하거나 높은 위세'를 말한다. *인(仞) : 한 길. 길이 단위로, 약 180cm정도의 길이이다. *최제(榱題) : 榱는 서까래, 題는 이마. *방장(方丈) : 사방 열 자 길이의 상(床)이라는 말. *반락(般樂) : 반유(般遊). 놀면서 마음껏 즐기는 것. *구빙(驅騁) : 말을 몰아 달리는 것.

[大意]
 자신의 뜻을 밝혀서 남을 설득할 때는 상대방의 부귀나 권위를 생각하지 말아야 한다. 그런 경우는 옛 성현들도 다 같은 태도를 취했으니, 이것이 당당한 군자의 행동인 것이다. 따라서 군자는 높은 지위에 올라도 외적인 위세에 휩쓸리지 않는다고 했다.

제35장

> 孟子曰 養心莫善於寡欲 其為人也寡欲 雖有不存焉者 寡
> 맹자왈 양심막선어과욕 기위인야과욕 수유부존언자 과
>
> 矣 其為人也多欲 雖有存焉者 寡矣
> 의 기위인야다욕 수유존언자 과의

맹자가 말했다. "심성을 기르는 데는 욕심을 적게 하는 것보다 좋은 방법이 없다. 사람됨이 욕심이 적으면서 심성을 잃는 경우가 있다고 해도 그것은 극히 드물고, 사람됨이 욕심이 많으면서 심성을 잃지 않는 경우가 있다고 해도 그것은 극히 드물다."

[語釋]

*양심(養心) : 여기에서는 심성(心性)이나 본성(本性)을 기르는 것을 말한다.

[大意]

사람의 심성에 대해서 말했다.

사람의 육체가 존재하는 한 욕심이 없을 수는 없는 것이지만, 그 욕심이 지나치면 도덕심을 기르는 데에 장애가 된다. 도덕적인 갈등은 바로 욕심과 올바른 도리 사이의 갈등이다. 따라서 도덕적인 수양에는 욕심을 자제할 능력을 기르는 것이 무엇보다 중요한 것이다.

제36장

曾晳嗜羊棗 而曾子不忍食羊棗 公孫丑問曰 膾炙與羊棗
증석기양조 이증자불인식양조 공손추문왈 회자여양조

孰美 孟子曰 膾炙哉 公孫丑曰 然則曾子何爲食膾炙而不
숙미 맹자왈 회자재 공손추왈 연즉증자하위식회자이불

食羊棗 曰 膾炙所同也 羊棗所獨也 諱名不諱姓 姓所同也
식양조 왈 회자소동야 양조소독야 휘명불휘성 성소동야

名所獨也
명소독야

증석이 양조를 좋아했는데, 증자는 양조를 차마 먹지 못했다. 공손추가 물었다. "회와 구운 고기와 양조 중 어느 것이 더 맛있습니까?" 맹자가 말했다. "회와 구운 고기이다." 공손추가 물었다. "그러면 증자는 왜 회와 구운 고기는 먹고 양조는 먹지 않았습니까?" 맹자가 말했다. "회와 구운 고기는 누구나 좋아하지만, 양조는 아버지만 좋아했던 것이기 때문이다. 이것은 곧 어른의 이름을 부르기는 꺼리지만 성은 부르기를 꺼리지 않는 것과 같으니, 성은 다 함께 쓰는 것이고 이름은 혼자만 쓰는 것이기 때문이다."

[語釋]

*증석(曾晳) : 증자(曾子)의 아버지로, 아들 증석과 함께 공자의 제자임. *양조(羊

棗) : 대추의 일종. 열매가 작고 둥글며 빛깔이 검어 양시조(羊矢棗)라고도 한다.
*회자(膾炙) : 육회(肉膾)와 구운 고기를 말한다. 옛날 중국에서는 생선회를 먹지 않았다. 따라서 여기서 말한 회는 육회(肉膾)를 말한 것이다. *위명(諱名) : 존경하는 사람의 이름을 함부로 부르는 것을 꺼려하여 피하는 것.

[大意]

증석과 증자를 예로 들어 효심에 대해서 말했다.

증자가 육회나 구운 고기보다 값이 싸고 흔한 양조를 먹지 않은 것은 그의 아버지 증석이 죽었기 때문에 생전에 좋아하던 것을 다시는 맛보지 못함을 슬퍼했기 때문이다.

제37장

萬章問曰 孔子在陳曰 盍歸乎來 吾黨之士狂簡 進取 不忘
만장문왈 공자재진왈 합귀호래 오당지사광간 진취 불망

其初 孔子在陳 何思魯之狂士 孟子曰 孔子 不得中道而與
기초 공자재진 하사로지광사 맹자왈 공자 부득중도이여

之 必也狂獧乎 狂者進取 獧者有所不為也 孔子豈不欲中
지 필야광견호 광자진취 견자유소불위야 공자기불욕중

道哉 不可必得 故思其次也 敢問何如斯可謂狂矣 曰 如琴
도재 불가필득 고사기차야 감문하여사가위광의 왈 여금

張 曾晳 牧皮者 孔子之所謂狂矣 何以謂之狂也 曰 其志
장 증석 목피자 공자지소위광의 하이위지광야 왈 기지

嘐嘐然 曰 古之人 古之人 夷考其行而不掩焉者也 狂者又
교교연 왈 고지인 고지인 이고기행이불엄언자야 광자우

不可得 欲得不屑不潔之士而與之 是獧也 是又其次也 孔
불가득 욕득불설불결지사이여지 시견야 시우기차야 공

子曰 過我門而不入我室 我不憾焉者 其惟鄉原乎 鄉原 德
자왈 과아문이불입아실 아불감언자 기유향원호 향원 덕

之賊也 曰 何如斯可謂之鄉原矣 曰 何以是嘐嘐也 言不顧
지적야 왈 하여사가위지향원의 왈 하이시교교야 언불고

行 行不顧言 則曰 古之人 古之人 行何為踽踽涼涼 生斯
행 행불고언 즉왈 고지인 고지인 행하위우우량량 생사

> 世也 爲斯世也 善斯可矣 閹然媚於世也者 是鄕原也 萬子
> 세야 위사세야 선사가의 엄연미어세야자 시향원야 만자
>
> 曰 一鄕皆稱原人焉 無所往而不爲原人 孔子以爲德之賊
> 왈 일향개칭원인언 무소왕이불위원인 공자이위덕지적
>
> 何哉 曰 非之無擧也 刺之無刺也 同乎流俗 合乎汙世 居
> 하재 왈 비지무거야 자지무자야 동호류속 합호오세 거
>
> 之似忠信 行之似廉潔 衆皆悅之 自以爲是 而不可與入堯
> 지사충신 행지사렴결 중개열지 자이위시 이불가여입요
>
> 舜之道 故曰德之賊也 孔子曰 惡似而非者 惡莠 恐其亂苗
> 순지도 고왈덕지적야 공자왈 악사이비자 악유 공기란묘
>
> 也 惡佞 恐其亂義也 惡利口 恐其亂信也 惡鄭聲 恐其亂
> 야 악녕 공기란의야 악리구 공기란신야 오정성 공기란
>
> 樂也 惡紫 恐其亂朱也 惡鄕原 恐其亂德也 君子反經而已
> 악야 악자 공기란주야 악향원 공기란덕야 군자반경이이
>
> 矣 經正 則庶民興 庶民興 斯無邪慝矣
> 의 경정 즉서민흥 서민흥 사무사특의

만장이 물었다. "공자께서 진나라에 계실 때 '어째서 돌아가지 않겠는가! 내 고향의 선비들은 뜻이 크고 진취적이며 초지를 잃지 않는다.'라고 말씀하셨는데, 공자께서 진나라에 계시다가 무엇 때문에 노나라의 뜻이 큰 선비들을 생각하셨습니까?" 맹자가 대답했다. "공자께서는 '중용의 도리에 맞는 사람을 얻어서 함께

하지 못하면 나는 반드시 과격한 사람이나 고집이 센 사람을 택할 것이다. 과격한 사람은 진취적이고, 고집이 센 사람은 지조가 있어서 아무 일이나 하지 않는다.'고 말씀하셨다. 공자께서 무엇 때문에 중용의 도리에 맞는 사람을 원하지 않았겠는가? 반드시 얻을 수 없었기 때문에 그 다음가는 사람을 생각하셨던 것이다." 만장이 물었다. "어떤 사람이 과격한 사람인지 감히 묻습니다." 맹자가 대답했다. "금장과 증석과 목피 같은 사람들이 바로 공자께서 말씀하신 과격한 사람들이다." 만장이 물었다. "어째서 그들을 과격한 사람이라고 합니까?" 맹자가 대답했다. "그들의 뜻은 매우 커서 '옛날 사람들은, 옛날 사람들은.' 하고 말들은 하지만, 그들의 행동은 말한 것을 따라가지 못하기 때문이다. 과격한 사람도 얻지 못하게 되면 불의를 멀리하는 선비를 얻어서 함께 하기를 원했으니, 이것이 고집 센 사람이다. 이것은 과격한 사람의 다음가는 것이다." 만장이 물었다. "공자께서는 '내 집 문 앞을 지나가면서 내 집에 들어오지 않는 것이 섭섭하게 생각되지 않는 사람들은 오직 향원이라는 무리들이다. 향원이라는 무리들은 덕을 해친다.'고 말씀하셨는데, 어떤 사람들이 향원이라는 무리들입니까?" 맹자가 대답했다. "그 무리들은 '뜻이 크면 무엇을 하는가? 말은 자신의 행동을 책임지지 않고, 행동은 말대로 하지 않으면서 늘 말로만 옛날 사람들은, 옛날 사람들은.' 하고 있다. 또 '어째서 거리낌 없이 행동하지 못하고 외롭게 있는가? 세상에 태어났으면 세상에 맞춰서 살면서 남들이 좋다고 하면 그만인데.' 하고 말하면서 세속에 아부하면서 사는 무리가 곧 향원이다." 만장이 물었다. "한 고을 사람이 모두 조심스럽고 후덕한 사람이라고 하면 어디를 가나 다 조심스럽고 후덕한 사람입니다. 그런데도 공자께서 덕을 해치는 사람들이라고 하신 것은 무엇 때문입니까?" 맹자가 대답했다. "그들을 비난하려 해도 별로 비난할 만한 것이 없고, 그들을 질책하려 해도 별로 질책할 것이 없고, 세상의 흐름과 동조하고 더러운 세상과 영합하여 평소에는 마치 충직하고 믿음직하며, 행동하는 것은 청렴결백한 것 같아서 사람들이 모두 좋아하니 그들 스스로 옳다고 생각한다. 그러나 이러한 사람들과는 요순의 도로 도저히 함께 들어갈 수가 없다. 그래서 공자께서 덕을 해치는 사람들이라고 하신 것이다. 공자께서 '사이비한 것을 나는 미워한다. 가라지를 싫어하는 것은 그것이 곡식의 싹을 어지럽힐까 염려해서이고, 재주 있게 말을 둘러대는 사람을 싫어하는 것은 그가 의로움을 어지럽힐까 염려해서이며, 말재주만 좋은 사람을 싫어하는 것은 그가 신용을 어지럽힐까 염려해서이고, 정나라의 음악을 싫어하는 것은 그것이 올바른 음악을 어지럽힐까 염려해서이고, 자주색을 싫어하는 것은 그것이 붉은색을 어지럽힐까 염려해서이고, 향원을 싫어하는 것은 그가 덕을 어지럽힐까 염려해서이다.'고 하셨다. 군자는 평소의 도리로 돌아갈 뿐이니, 평소의 도리가 바로잡히면 일반 백성들도 선행을 하려 할 것이고, 일반 백성들이 선행을 하게 되면 사악한 것들이 없어진다."

[語釋]
*오당(吾黨) : 黨은 향당(鄕黨)의 黨, '내 고향, 내 고장'의 뜻. *광간(狂簡) : 狂이란

과격한 자를 말하고, 여기에서는 진취적인 태도를 말한다. 簡이란 대쪽, 여기에서는 고집이 센 사람을 가리키는 말이다. *초(初) : 초지(初志). *금장(琴張) : 이름은 牢(뢰), 자(字)가 자장(子張)이다. *목피(牧皮) : 공자의 제자. *효효(嘐嘐) : 뜻이나 말하는 내용이 큰 것. *이(夷) : 여기에서는 '공평하게'라는 뜻. *이불엄언자야(而不掩焉者也) : 행동이 말을 따라 주지 않는다 말. *광견(狂獧) : 여기에서 狂은 뜻을 가진 사람이고, 獧은 고집이 있는 사람을 말한다. *설(屑) : 달갑게 여기다. *향원(鄕原) : 향원(鄕愿) 또는 근원지인(謹愿之人)을 말하며, 수령(守令)을 속이고 양민에게 폐해를 입히던 고을의 토호(土豪)를 말한다. *우우(踽踽) : 동반자가 없이 홀로 감. *엄연(閹然) : 심하게. *미(媚) : 아양 부림, 곧 아부(阿附). *만자(萬子) : 만장(萬章). *원(原) : 삼가고 후덕함. *비(非) : 비난. *거(擧) : 근거(根據). *자(刺) : 질책(叱責). *유속(流俗) : 풍속(風俗). *오세(汙世) : 오세(汚世). 세상을 더럽힘. *유(莠) : 피의 한 종류. *영(佞) : 말로 둘러대기를 잘함. *이구(利口) : 말은 많고 실속이 없음. *정성(鄭聲) : 정(鄭)나라의 음악, 즉 음란(淫亂)한 음악.

[大意]

《논어》에 나오는 네 가지 부류의 사람들에 대해서 논했다.

첫째, 지나치지도 모자라지도 않는 중용의 도리를 지키는 사람으로 뜻이 크고 행동도 진취적이다. 둘째, 가지고 있는 뜻은 크지만 행동은 미흡한 사람이다. 셋째, 지조가 있어 그릇되지는 않지만 소심해서 진취적이지 못한 사람이다. 넷째, 자신의 고장에서 행세를 하는 향원으로, 이들은 위선적인 행동으로 세속에 영합하는 사람들이다. 맹자는 이런 사람들을 사이비 즉 '선량한 것 같지만 그렇지 않고 덕을 해치는 사람.'이라고 말했다.

제38장

孟子曰 由堯舜至於湯 五百有餘歲 若禹 皋陶 則見而知之 若湯 則聞而知之 由湯至於文王 五百有餘歲 若伊尹 萊朱 則見而知之 若文王 則聞而知之 由文王至於孔子 五百有餘歲 若太公望 散宜生 則見而知之 若孔子 則聞而知之 由孔子而來至於今 百有餘歲 去聖人之世 若此其未遠也 近聖人之居 若此其甚也 然而無有乎爾 則亦無有乎爾

맹자가 말했다. "요임금과 순임금으로부터 탕왕에 이르기까지의 시간이 오백여 년이니, 우임금과 고요는 요임금과 순임금의 덕을 직접 보고서 알았고, 탕왕은 요임금과 순임금의 덕을 듣고서 알았다. 탕왕으로부터 문왕에 이르기까지의 시간이 오백여 년이니, 이윤과 내주는 탕왕의 덕을 직접 보고서 알았고, 문왕은 요임금과 순임금의 덕을 듣고서 알았다. 문왕으로부터 공자에 이르기까지의 시간이 또 오백 년이었는데, 태공망이나 산의생은 문왕의 덕을 직접 보고서 알았고, 공자는 그것을 듣고서 알았다. 공자로부터 지금에 이르기까지는 백여 년이고, 성인이 살던 시대와 그 거리가 멀지도 않고, 성인이 살던 곳도 그리 멀지 않지만, 공자의 도를 아는 사람이 없으니, 앞으로는 그 도를 듣고서 알 사람도 없을 것이 아니겠는가?"

[語釋]
*고요(皐陶) : 순(舜)임금의 어진 신하. *내주(萊朱) : 탕왕(湯王)의 신하. *태공망(太公望) : 주(周)나라의 무왕(武王)을 도와 은(殷)나라의 주(紂)를 토벌하고 천하를 평정한 여상(呂尙). 문왕(文王)의 스승으로 있었고, 제(齊)나라의 시조(始祖)가 됨. *산의생(散宜生) : 문덕(文德)이 뛰어나서 재상의 자리에 올랐으며, 문왕(文王)의 사신(四臣) 중 한 사람으로 일컬어진다. *성인(聖人) : 여기에서는 공자(孔子)를 말한다. 맹자의 고향인 추(鄒)와 공자의 고국인 노(魯)나라는 딱따기 치는 소리가 들릴 정도로 가까운 거리에 있었다고 전한다.

[大意]
유가에서 면면히 이어져 내려온 도의 계보를 설명하면서 공자 이후에 단절될 위기에 처했음을 염려했다.

맹자가 유가를 제외한 다른 학파의 학설이 유가의 도를 단절시키는 요인이라고 보고 유가의 도를 떨쳐내는 것만이 자신의 사명이라고 밝힌 것이다.

한눈에 익히는
맹자 Ⅱ (孟子)

1판 1쇄 인쇄 2015년 1월 20일
1판 1쇄 발행 2015년 1월 27일

지은이 | 맹자
편저자 | 이창성
펴낸이 | 이환호
펴낸곳 | 나무의꿈

등록번호 | 제 10-1812호
주 소 | 서울시 마포구 잔다리로 77 대창빌딩 402호
전 화 | 02)332-4037 팩 스 | 02)332-4031

ISBN 978-89-91168-43-5 12150

* 잘못 만들어진 책은 구입한 곳에서 교환해 드립니다.